"十三五"国家重点图书项目

国家出版基金项目
NATIONAL PUBLICATION FOUNDATION

一带一路

中外文化交流史

何芳川◎主编

姜永仁　王介南◎著

中国缅甸文化交流史

国际文化出版公司
·北京·

图书在版编目（CIP）数据

中外文化交流史. 中国缅甸文化交流史 / 何芳川主编；姜永仁，王介南著 . -- 北京：国际文化出版公司，2020.12

ISBN 978-7-5125-1276-4

Ⅰ . ①中… Ⅱ . ①何… ②姜… ③王… Ⅲ . ①中外关系—文化交流—文化史—缅甸 Ⅳ . ① K203 ② K337.03

中国版本图书馆 CIP 数据核字 (2020) 第 264003 号

中外文化交流史·中国缅甸文化交流史

主　　编	何芳川
作　　者	姜永仁　王介南
统筹监制	吴昌荣
责任编辑	崔雪娇
出版发行	国际文化出版公司
经　　销	全国新华书店
印　　刷	文畅阁印刷有限公司
开　　本	710 毫米 × 1000 毫米　　16 开 16 印张　　201 千字
版　　次	2020 年 12 月第 1 版 2020 年 12 月第 1 次印刷
书　　号	ISBN 978-7-5125-1276-4
定　　价	88.00 元

国际文化出版公司
北京朝阳区东土城路乙 9 号　　　　邮编：100013
总编室：（010）64271551　　　　传真：（010）64271578
销售热线：（010）64271187
传真：（010）64271187—800
E-mail：icpc@95777.sina.net

目录
Contents

前言

中缅两国山水相连，国土相依，2100 多公里的边界线像一条纽带把两国人民紧紧连在一起。自古以来，中缅两国人民毗邻而居，守望相助，"檐相邻而同井饮，籍虽两国之民，居处难分"，是"搬不走的好邻居"。

中缅两国人民历史上就亲如兄弟，建立了"胞波友谊"。三个龙蛋的故事，述说着中缅两国人民都是龙的传人，是一奶同胞的亲兄弟姐妹。傣缅联姻的故事，演绎着中缅两国人民亲上加亲，是其乐融融的一家人的场景。蒲甘集市故事反映了中缅两国人民天资聪明，有着过人的聪明才智。中缅两国人民同属黄皮肤、黑头发的蒙古人种，族源相同，血脉相连，习俗相似，语言相近，有着相同的文化底蕴，善于种植水稻和纺纱织布，彼此是休戚与共的命运共同体。

"远亲不如近邻"。在古代，中缅两国人民通商互市，互通有无，互帮互助，携手踏出了"滇缅印陆上丝绸之路"，筑起了中缅商贸的"金银大道"；在共同抗击日本法西斯的岁月，中缅两国人民并肩战斗，荣辱与共，修建了交通大动脉"滇缅公路"；在现代，中缅两国人民正在两国领导人的引领下，积极参加"一带一路"建设，共建中缅"人字形经济走廊"。大路宽广，阳光普照，前景光明。

中缅两国的文化同属于东方文化类型，都有鲜明的民族性，都有属于自己的传统文化。中缅传统文化从本质上同属于农耕文化。两国的文化都是在农耕文化的基础上发展形成的。中国文化深受儒释道思想的影响，追求天人合一，人与自然的和谐共生。缅甸文化深受小乘佛教思想的影响，追求广积功德，安宁、祥和的社会。中缅两国文化在本质上有很多共性。

"国之交在于民相亲"。在整个历史时期，中缅两国除了个别时期外，一直友好交往，关系密切。中缅两国人民世代友好，以诚相待，互相同情，心心相印，胞波情谊比海深。民相亲，国则亲。国亲民更亲。在中缅两国人民友好的气氛下，中缅两国在国内事务中互不干涉内政，互相尊重，互不侵犯；在国际事务中，相互理解，相互支持，为国与国关系树立了典范。

文化交流是民心沟通的重要渠道，是连接中缅两国人民的桥梁，对于促进了解、加强合作非常重要。特别是在当前的国际形势下，进一步加强中缅两国的文化交流具有十分重要的现实意义。《中国缅甸文化交流史》一书的写作与出版应运而生，恰逢其时，有助于"一带一路"宏伟蓝图的实现，有助于中缅"人字形经济走廊"的实施，有助于中缅两国人民民心相通。

由于时间仓促，资料不足，加之作者水平有限，谬误之处在所难免，诚请读者赐教。

姜永仁　王介南

2020 年 8 月

第一章
缅甸概况

一、自然地理

缅甸，全名缅甸联邦共和国（the Republic of the Union of Myan-mar），地处中南半岛最西部。其北面与中国比邻，东面和东南面与老挝和泰国接壤，西北面是孟加拉国和印度，西面是孟加拉湾和浩瀚的印度洋，南面是安达曼海。地形北高南低，南北狭长，形状酷似拖着一条长长尾巴在空中飘舞的风筝。全国总面积676553平方公里，是东南亚仅次于印度尼西亚的第二大国家。

缅甸东部、西部和北部均为高山或高原，中央为平原，全国地形呈马蹄形状。喜马拉雅山从北向南进入缅甸境内，分为两支：一支在西部称为若开山脉，在若开邦南部消失沉入海底；一支在东部形成掸邦高原。缅甸有三条大河从北向南流淌，依次为伊洛瓦底江、萨尔温江和锡唐河。伊洛瓦底江是缅甸第一大河，是缅甸人的母亲河，是缅甸各民族的摇篮，是缅甸文化的发源地，也是缅甸人的生命线。

缅甸物产丰富，地上和地下资源居东南亚国家之首，在世界各国中也名列前茅，被誉为"稻米王国""森林王国""玉石王国"和"佛塔王国"。缅甸盛产石油与天然气，天然气蕴藏量居世界第十位。

二、社会历史

缅甸是一个有着悠久历史的文明古国。据历史记载，早在几千年以前就有原始人群在这块土地上繁衍生息，逐渐建立了自己的国家，并最终形成了统一的缅甸帝国。

历史上，缅甸曾经是一个力量强大的古国，在东南亚称霸一时。到了贡榜王朝时期，经历了三次统一以后，缅甸封建社会已经发展成熟，各种封建制度已经全面形成，无论从行政管理、经济管理或者是法律制度上都臻于完善，走上了正轨，进入了快速发展时期。

但是，天有不测风云，1824年、1852年、1885年，英国殖民主义者通过三次侵缅战争，最终把缅甸变为英国的殖民地，阻碍了缅甸社会发展的进程，改变了缅甸封建社会发展的轨迹，缅甸人沦为亡国奴，深陷于100多年英国殖民统治的水深火热之中。

在缅甸国父昂山将军的领导下，缅甸人民经过

缅甸国父昂山将军

艰苦卓绝的斗争，终于在 1948 年 1 月 4 日摆脱了英国帝国主义的殖民统治，走出苦难的深渊，获得了民族独立。从此，缅甸联邦共和国宣布正式成立！

三、行政区域

根据 2008 年宪法，缅甸国名为"缅甸联邦共和国"，实行多党民主制，立法权、行政权、司法权分开行使，并互相制衡。总统是国家元首，也是政府首脑，负责组建和领导政府，有确定内阁各部部长人数和改组政府的权力，享有豁免权，有权发布赦免令以及签署立法等权力。联邦议会是中央立法机构，包括上下两院，上院为民族院，下院为人民院。总统的任何命令须有两院通过方能颁布实施，两院通过的任何提案须由总统签字后方具有法律效应。联邦最高法院是国家最高司法机关。

缅甸行政区域有 15 个，分别为 7 个省、7 个邦和 1 个联邦直辖区。省和邦为同级。7 个省为：仰光省、勃固省、曼德勒省、伊洛瓦底省、德林达依省、马圭省、实皆省。7 个邦为：克钦邦、克耶邦、钦邦、掸邦、孟邦、克伦邦、若开邦。省、邦下面依次是：县—镇区—镇—乡—村、寨。联邦直辖区为首都内比都，由总统直接管辖。

四、民族组成

克耶族分支伯当族小女孩

缅甸是一个多民族国家。主要民族有 8 个，它们是缅族、掸族、克伦族、克钦族、钦族、克耶族、若开族、孟族。缅族是主体民族，其他为少数民族。2019 年 4 月 6 日《缅甸新光报》报道，截至 2018 年，缅甸总人口为 54101253 人。其中，主体民族缅族为 3841 万人。少数民族中，克伦族人口为 433 万。掸族人口为 379 万。若开族人口为 271 万。孟族人口为 151 万。克钦族人口为 130 万。钦族人口为 108 万。克耶族人口为 16 万。

尼格利陀人是缅甸的原始民族，属于澳大利亚人种，俗称"小黑人"。其外貌体征是：皮肤黝黑，身材矮小，大眼睛，圆唇，现仅有极少数人仍生活在缅甸最南端。

除此以外，生活在缅甸的居民中还有相当一部分印度移民、中国移民以及欧洲移民。

五、政治形势

民族矛盾、"民地武"组织与缅甸政府军之间的武装冲突，"民地武"组织之间的武装冲突，长久以来一直是缅甸难以逾越的鸿沟，是缅甸历届政府难以解决的问题。2016 年 4 月，以昂山素季为首的民盟以压倒多数赢得大选。民盟政府执政以来，着力解决修宪、民族和解和发展经济，提高人民生活水平。缅甸全国共有 21 支"民地武"。2015 年 10 月 15 日，昂山素季领导的民盟政府和 8 支缅甸"民地武"签订了全国停火协议。2018 年 2 月，又有 2 支"民地武"签署了全国停火协议。为了尽快实现民族和解，昂山素季排除万难，组织召开了 21 世纪彬龙会议。到目前为止，昂山素季已经召开了四届 21 世纪彬龙会议，各方就 37 项联邦协议条款达成一致，签署后形成联邦和平协议第一部分、第二部分和第三部分。

民族和解与和平虽然取得了一些成果，但是距离真正实现民族和解和实现永久和平还有很长的路要走，要彻底实现民族和解签署和平协议绝非易事。但只要诚心诚意，互谅互让，坚持不懈，前景还是看好的。

六、经济状况

缅甸，长期以来，农业种植粗放，产量低下；工业基础薄弱，工业产品缺乏，经济发展十分缓慢。英国殖民统治时期，英国在缅甸发展水稻种植单一经济，把缅甸变为英国的原材料供应地，英国工业品和商品的推销地，致使缅甸没有任何工业，只有修船和修理行业较为发达。2016 年民盟执政以后，在昂山素季的领导下，修改了外国投资法，出台了新的投资政策，大力吸引外资，开放若开邦，允许外资进入若开邦投资兴业，缅甸经济发展走向正轨。民盟政府优先发展劳动密集型产业，优先发展基础设施建设，完善法律法规，进一步开放国内市场，改善营商环境，积极参与中缅经济走廊建设和"一带一路"建设，与中国加强了经贸关系。但是，缅甸积重难返，尽管昂山素季以及民盟政府竭尽全力发展经济改善民生，仍然不能达到人民的预期。

国际货币基金组织公布的数据显示，2019 年，缅甸 GDP 总量为 659.94 亿美元，增长率为 6.6%，人均 GDP 仅为 1244.725 美元。根据国际货币基金组织 2019 年 10 月公布的数据，2019 年缅甸 GDP 总量在东盟国家中排名第七位，仅高于柬埔寨、老挝和文莱。

第二章

缅甸文化的形成与特点

一、关于文化的定义

文化本身是一个比较大的概念。迄今为止，关于"文化"一词的定义各种各样，五花八门，至今众说纷纭，莫衷一是。

（一）汉语中最早关于文化的定义

在汉语中，"文"和"化"这两个词，最早出现在 2000 多年以前。在《周易·贲》中说"观乎天文，以察时变；观乎人文，以化成天下"，但是把两个字连在一起，"文化"一词在西汉刘向所著的《说苑·指武》中首次出现。《说苑·指武》中说："圣人之治天下也，先文德而后武力。凡武之兴，为不服也。文化不改，然后加诛。"这里文化的意思为"以文教化"，表示对人的性情的陶冶、品德的教养，属于精神领域之范畴。

（二）西方学者关于文化的定义

文化，作为学术术语，最早见于英国文化学家爱德华·伯内特·泰勒于 1865 年所著《文明的早期历史与发展之研究》一书。根据美国人类学家克鲁伯和克拉柯合著的《文化：关于概念与定义的检讨》一书的统计，1871 年以后，直至 1951 年，在前后 80 余年的时间里，世界上各国学者关于文化

爱德华·伯内特·泰勒 1917 年像

的定义总计有 164 种之多。主要代表的学派有进化论学派、历史地理学派、结构功能学派、符号文化学派等。各国的学者从各自不同的视角，根据自己专业的特点，对"文化"一词给出自己的定义。学者们有的侧重于历史性，有的侧重于规范性，有的侧重于心理性，有的侧重于结构性，有的侧重于遗传性，不一而足，仁者见仁，智者见智，众说纷纭，莫衷一是。

（三）苏联学者关于文化的定义

罗森塔尔和尤金都是苏联权威哲学家，1939 年，他们出版了《简明哲学词典》，在哲学界影响很大。在词典中他们给文化的定义是："文化是人类在社会历史实践中所创造的物质财富和精神财富的总和。从比较狭隘的意义讲，文化就是在历史上一定的物质资料生产方式的基础上发生和发展的社会精神生活方式的总和。"我

国文化学者大都认同罗森塔尔和尤金关于文化的定义，认为这是马克思列宁主义的观点。

（四）周一良教授关于文化的定义

北京大学历史系教授周一良先生认为，文化可以分为狭义、广义和深义三个层次。所谓狭义文化是指人类所创造的精神文化及其相应的制度，广义文化是指人类所创造的物质文化与精神文化的总成就，而深义文化则是指人类创造的文化实质、象征与特色，即最根本的心理素质、思想感情与精神气度等。

（五）何谓文化

综上所述，要给文化下一个准确和精确的定义，的确是一件非常困难的事情。综合各家观点，文化分为狭义文化和广义文化两种。广义文化是指人类在社会历史发展过程中创造的一切物质财富和精神财富的总和，狭义文化是指人类精神活动所创造的成果，包括哲学、宗教、科学、艺术、道德、自然科学和技术、语言和文学等。

文化是一种社会存在，是人类长期创造形成的产物。文化又是一种历史现象，是人类社会与历史的积淀物。文化是一个国家和民族的思维方式、价值观念、生活方式、行为规范、艺术文化和科学技术的集成，是一个国家和人民改造自然和社会活动的成果。

文化是人创造的，是人类在生产劳作实践中创造的，是人类在改造自然、改造社会的活动中创造的，是人类智慧的结晶。人创造了文化，文化也塑造了人。因此，文化的实质性含义是人类通过社会实践活动，使自然面貌、形态、功能得到不断改观，同时也使得人类的认识与素质不断提高和完善。因此，人类改造自然界和社会的一切活动及其结果都属于文化的范畴。

（六）文化的类别

关于文化的分类，同文化的定义一样，也多种多样。有按时间分的，有按地域分的，有按等级分的，有按功能分的，有按类别分的，也有按性质分的等等。按时间分的有原始文化、封建文化、资本主义文化、社会主义文化、共产主义文化或古代文化、中古文化、近代文化、现代文化等；按地域分的有东方文化、西方文化、中华文化、印度文化、阿拉伯文化、希腊 - 罗马文化、大河流域文化、岛屿文化、海洋文化、内陆文化等；按等级分的有贵族文化、平民文化、官方文化、民间文化等；按类别分的有：宗教文化、民俗文化、服饰文化、饮食文化、建筑文化、医药文化、体育文化、旅游文化、校园文化、企业文化等；按性质分的有辐射型文化、吸收型文化、物质文化、精神文化、制度文化、行为文化等。

文化一旦产生就必然要交流，交流是文化发展的动力。文化交流是双向的，不同性质间的文化交流也是文化发展的源泉。文化经过交流，不断碰撞融合，吸收新鲜内容，丰富自己，在国家的发展和壮大中发挥着不可替代的作用。

一个国家、一个民族，只有维护民族传统文化，国家才能巩固，政府才有凝聚力，人民才能紧密团结，政权才能巩固，主权才能独立，才能永远立于不败之地。文化丧失，民族消亡，国家沦丧。因此，维护自己国家和自己民族的传统文化是关系国家和民族存亡的大事。

二、缅甸文化的形成

（一）缅甸文化的两大基石

文化是一种意识形态。世界上的每一种文化都是社会物质环境发生和发展的反映，每一种社会形态都有与其相适应的文化体系，每一个民族都有属于自己的传统文化。文化的形成是与人类的社会实践联系在一起的。缅甸文化是在孟族文化和骠族文化的基础上发展起来的。孟族文化和骠族文化是缅甸文化发展的两大基石。

孟人早于缅人进入缅甸。资料记载，孟族属于蒙古人种，孟高棉语族，源自中国华南地区，是中国史书上称之为"百濮"族群的后裔。早在公元前 2000 年左右，孟族沿着湄公河、湄南河的河谷向南迁移，最先来到今日的泰国和缅甸南部一带定居。孟族是东南亚各民族中历史最长、文化也最发达的民族。

孟人最早在下缅甸建立国家。孟人建立的第一个王朝是杜温那崩米直通王朝，第二个王朝是汉达瓦底王朝，第三个王朝是勃固王朝，下辖得楞三邦 96 镇，传 59 代，1057 年，被贡榜王朝所灭，成为缅甸统一国家中的一员。

孟人的原始信仰大都与农业有关。他们信仰原始拜物教，信仰万物有灵，信仰神祇。孟人信仰的神灵有土地神、山神、林神、风神、雨神、雷神、电神等，还有椰树神、竹筒神和衣神。除了自然物、自然神外，孟人还信仰祖神，每家的长子都供奉本家祖神。孟人居住的村庄和城镇，每村每镇都有保佑村庄和城镇的村神和城神，每年还要隆重举行供奉村神、城神的神会。神会上，孟人要向神明问卜吉凶。孟人相信占卜、看手相、禁忌和征兆。

孟人信奉婆罗门教。婆罗门教传入孟人地区要早于佛教。婆罗门教传入以后，孟人开始信奉婆罗门教大神毗湿奴，并在宫中任用婆罗门为国师，宫廷中的大小仪式均由婆罗门主持。小乘佛教转入孟人居住区后，孟人转而信奉小乘佛教，开始大规模建造佛塔。据仰光大金塔记载，仰光大金塔就是由孟族商人帝富娑和跋梨迦兄弟俩修建的。佛教对孟族文化的影响大于婆罗教的影响，渗透到孟人生活的方方面面。

孟人定居缅甸境内以后，最早创造了文字和孟族文化。孟人第一王朝杜翁那崩米直通王朝时，孟族的语言、文字、文学、文化艺术都有比较充分的发展，到第三王朝信绍布女王时，孟族文化得到了空前的大发展。孟族人世代从事农业种植，孟族的文化是一种农耕文化。除了关于适应农业生产和生活需要的制度、教育、礼俗以外，孟族文化还受到印度文化和马来文化的影响，具有印度文化和马来文化的因素。

孟族文化的形成要早于缅族文化 1000 多年。孟人信仰自然神，信仰婆罗门教大神毗湿奴，信仰小乘佛教，善于种植水稻，纺织木棉布，居于干栏式房屋，音乐发达，能歌善舞，这些都是孟族文化的重要特征，为后来进入缅甸的缅族文化的重要组成部分。

骠族进入缅甸境内的时间也早于缅族，是藏缅语族中最早进入缅甸境内的民族，也是缅甸境内较早拥有文字和文化的民族。在缅甸早期国家史和缅甸文化史上，骠国初步奠定了缅甸的文化基础。骠族属于蒙古人种，属于汉藏语系藏缅语族，是汉藏语系藏缅语族中最早在缅甸境内建立起国家和王朝的民族。据缅甸史籍记载，骠族在缅甸最早建立的城邦国家有：毗湿奴城、汉林城和室利差旦罗城。据碳 14 测定，毗湿奴城建立最早，存在于公元 1 世纪至 5 世纪之间。汉林城就是中国史籍中的"林阳"国，建于公元 3 世纪初。室利差旦罗城建于公元 3 世纪至 10 世纪之间。从上述骠国的 3 个城邦国家考古发现，骠国国家制度比较原始，已有分封制度。骠国建筑业发达，建筑技术高超，最早建有佛塔。骠国的经济发达，农业生产先进，种植水稻，饲养家禽，手工业有锻造业、纺织业、制陶业、砖瓦业、琉璃制造业、金银首饰业等。在制度和经济基础上建立起来的骠族文化也相当发达。

骠人的城墙"呈龙王之尾蜷曲状"，标志着骠人有关于龙的原始信仰。骠人的服饰与现代缅甸人基本相同。骠人崇信小乘佛教，"喜佛法""有百寺""其俗好生恶杀"，建有波耶基、波耶玛、波波基 3 座佛塔，这是缅甸境内发现的最早建筑的佛塔遗址，是

室利差旦罗城遗址

缅甸现存的最古老的佛塔建筑。考古挖掘发现了骠人建造的佛教寺庙的遗址、银质菩提树塔、玻璃佛像等。根据考古挖掘确定，"室利差旦罗早期兴旺的佛教是上座部佛教，同时有大乘佛教存在。此外，还发现有毗湿奴神的崇拜"。因此，古骠人的宗教信仰有：自然物和自然现象崇拜、神祇崇拜、小乘佛教、大乘佛教、婆罗门教，是以小乘佛教为主的混合宗教信仰。骠族文化就是在这些宗教信仰的基础上发展起来的。

骠人的服饰与现在缅人的基本相同。骠人多以木棉花织成"朝霞"的白细布缠腰而衣，称之为娑罗笼缎。男子戴金冠、翠玉帽。女子则发髻高耸，并饰以金银珠宝。骠人性情和善，相互谦恭，少言寡语，男女7岁削发入寺修行，20岁还俗为民，好生恶杀。骠人死后火化，将骨灰置于瓮中，埋于地下。骠人有文字，骠文是根据南印度迦檀婆字母创造的。与缅文相近，也由33辅音字母和元音符号拼写而成。骠人能歌善舞，艺术水平很高。骠人酷爱藤球运动。骠人雕塑工艺精湛。这些都是骠族文化的特征。骠族文化为缅族文化的形成奠定了基础。

缅族进入缅甸境内的时间晚于孟族和骠族进入缅甸的时间。孟族进入缅甸的时间是在公元前 2000 年前后，比骠族早了很多。骠族进入缅甸的时间是在公元前 1 世纪至 2 世纪，或者更早一些时候。缅族进入缅甸的时间是在公元 9 世纪前后，晚于骠族 10 个世纪。缅族与骠族本系同一个民族的不同支系，是亲属民族。他们有着相同的文化底蕴和文化习俗。据史籍记载，远在 3000 多年以前的商代氐羌系一些部落已在黄河中下游一带活动。氐羌部落原本是从事游牧的部落，后来在中原文化的影响下，转而从事农业耕种。公元前 4 世纪，秦武力统一了中国的西部，导致大批羌人远离故土，从中国的西北部陆续南迁。羌人沿着怒江、澜沧江等河谷南下，于公元前 1 世纪至 2 世纪或者更早一些时候进入缅甸境内。最先进入缅甸的是属于这一民族支系的骠族。公元 1 世纪至 10 世纪，骠人在缅甸建立了三个城邦国家，并创造了骠族文化。9 世纪初，南诏向南扩展，于 832 年攻陷骠国都城，"掠其民三千，迁于拓东"，骠人在 11 世纪以后逐渐消亡，融入缅族和其他民族中。缅族于公元七八世纪南下至中国云南澜沧江以西地区。公元 9 世纪进入缅甸叫栖，公元 849 年建蒲甘城。缅族进入缅甸以后，与骠人混居，在继承骠国经济社会发展的基础上，从骠人那里学到了骠族的先进的建筑艺术（包括城池的设计和佛塔的建造艺术）、先进的农耕技术、灌溉技术、骠族的音乐舞蹈、骠族的雕刻艺术和金银器具制造技术。缅族吸收了骠族文化的精华，丰富了缅族文化，加上从南诏学到的农业和军事技术，迅速崛起。孟族与缅族混居以后，交往密切，经过长年的接触，缅族受到孟族文化的熏陶，两种异质文化长期碰撞与融合，互相影响，互相吸收，耳濡目染，潜移默化，缅族文化从孟族文化中吸收了很多优质元素，与孟族文化几乎合二而一，结果无论从信仰到生产与生活，都再也分不清二者的区别。缅甸文化就是在这样的环境中，在与骠族和孟族的接触和相处中，在与骠族文化和孟族文化的碰撞与融合中，吸收了大量骠族文化和孟族文化的精华，极大地丰富了自己，催生了缅甸文化的形成。

缅人于 1044 年由阿奴律陀王统一了伊洛瓦底江流域，建立了蒲甘王朝，成为缅甸历史上第一个中央集权的统一的封建国家，完成了缅甸古代历史和文化发展史上的转型。从历史上看，完成了从以骠人为主的有众多属国和部落的早期国家转型为以缅族王朝为主导、王权至高无上的中央集权型国家；从文化上讲，完成了由骠国时期的南传上座部佛教、大乘佛教、婆罗门教等多种宗教信仰影响形成的文化向以南传上座部佛教影响为主形成的缅族文化的转变。

缅甸国家博物馆前的阿奴律陀雕像

（二）缅甸文化的产生期

纵观缅甸文化的形成与发展，大致可以分为以下 5 个阶段：第一阶段是原始宗教信仰时期，即产生期；第二阶段是小乘佛教传入缅甸，蒲甘王朝定小乘佛教为国教时期，即定型期；第三阶段是神祇信仰时期，即发展期；第四阶段是封建社会小乘佛教全面发展时期，即成熟期；第五阶段是独立以后缅甸传统文化大发展时期，即繁荣期。

第一阶段，包括自然物崇拜和自然神崇拜，这是缅甸传统文化的产生期。根据缅甸考古挖掘和地质研究证明，缅甸大约在 10 亿年前，掸邦高盐北起密支那，南到克耶邦，东自萨尔温江，西至掸邦高原的边缘地带，就已经形成了广大的陆块。缅甸考古学者最早发现生物化石是大约距今 44000 万年至 50000 万年前的古生代奥陶纪的一些浅海生物化石，有苔藓虫、三叶虫、腕足类动物等，总计 206 种。根据与地质构造相同并连成一片的泰国、老挝、越南和中国华南地区情况判断，到距今 13700 万年至 19500 万年前的中世纪侏罗纪，缅甸已经出现了巨大爬行类动物恐龙和原始鸟类。1979 年 5 月，缅甸在曼德勒以西崩当崩尼亚山区发现了处于 4000 万年以前的 4 件古猿下颌骨化石和骨骼化石的碎片。在缅甸中部和北部地区也发现了大量化石。由此可见，当时，缅甸土地上已经有了热带灌木丛林和成群的大象、马、水牛、黄牛、鹿等动物。到了新生纪第四纪，地质考古学家在整个伊洛瓦底江流域发现了很多树化石，说明当时伊洛瓦底江流域被大片森林覆盖着。在这块土地上，除了上述一些动物已经大量存在外，在河流和湖泊等一些水域中龟、鳄鱼之类也已经存在。证明大约在 100 万年以前，今日缅甸境内的大山和江河等地质构成已经基本形成。伊洛瓦底江、钦敦江、锡唐河、萨尔温江等河谷已经形成了人与动物赖以生存繁衍的水土环境。气候温暖湿润也给农作物繁茂生长创造了适宜的条件。当时在缅甸的土地上已经具备了石器时代人类生存繁衍的客观条件与自然环境。

缅甸学者从 20 世纪 20 年代开始，对缅甸地层古代化石进行考古挖掘和研究，在伊洛瓦底江沿岸一线，尤其在敏建至卑谬之间和帕科库和马圭之间，发现了很多石器时代人类的遗物。20 世纪 80 年代，缅甸考古学者在蒙育瓦与羌乌之间的瑞明丁山上的峦奎村附近发现了人类上颌骨化石，上面还保留着臼齿与前臼齿。缅甸学者称其为"缅甸人"。同时，缅甸考古人员还发现了狗的臼齿化石和鹿、牛、麂等动物的骨骼化石。说明大约在 70 万年前，缅甸中部已经有了与北京人、爪哇人等直立人同期存在的早期人

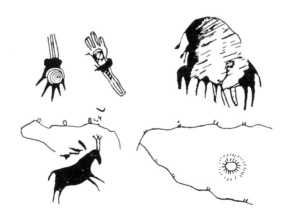

掸邦勃达林原始人洞穴内岩画

类活动。缅甸人群居在河两岸的高坡上，以狩猎为生。

在缅甸，考古学者发现的原始人居住的洞穴有 3 个，它们是貌达瓦洞穴、丁恩洞穴和勃达林洞穴。貌达瓦洞穴发现于 1937 年。在洞穴内发现有绳纹、方格纹的手制陶器碎片，其中还有带釉陶器碎片，还发现有单刃石刀的碎片。

丁恩洞穴，发现于东枝附近。在洞内一个小石室中发现很多兽骨、贝壳和木炭木屑，说明当时有不少石器时代的人群居。从兽骨、贝壳、炭屑堆放在一起看，说明原始人将吃剩下的食品和垃圾单独集中堆放了。

勃达林洞穴，是缅甸洞穴文化遗址中目前发现的最具代表性的一个，发掘于掸邦高原西部。20 世纪末，从勃达林洞穴发现环石、石锤、手斧、切割器以及经过粗加工尚待进一步研磨的石器料等共计 1500 件，还发现有研磨石器过程中留下的碎石屑和一些

蒲甘壁画，蒲甘人对大象的崇拜

新研磨成但尚未使用过的石器。石器用附近地区能见到的石灰石、石英石、花岗石、砂石、火成岩等制成。最令人感兴趣的是在该洞穴的 1 号洞距离洞底地面高 3 至 4 米处发现了大约 12 幅用红赭石画的壁画。其中有 9 幅内容清晰可辨，画中有太阳、手掌、鱼、野牛、山猪、大象、鹿、大牛、小牛等图像。

另外，缅甸考古部门对毗湿奴城、汉林城、室利差旦罗城进行了长时间的挖掘和考古研究，发现了大量的骠国时期的带有太阳、月亮、星辰、水波纹、龙、鱼等图案的银币和陶罐等文物，说明了缅甸人的原始崇拜。

从上述原始人居住的洞穴挖掘出来的器物和缅甸考古学家对骠国三个古都的考古挖掘发现来看，我们可以得出下述结论：1. 上述三个缅甸原始人居住的洞穴属于石器时代；2. 在石器时代，在今日的缅甸境内已经有人类活动；3. 石器时代的缅甸人已经有崇拜太阳、月亮、星辰、水波纹、龙、鱼和大象的观念。这是缅甸原始宗教信仰的象征。

美国著名社会学家摩尔根在《古代社会》中说："宗教是在野蛮时代产生的，而不是从来就有的。"在生产力低下和物质匮乏的缅甸原始社会，缅甸先民们对于神秘多变的自然界和自然现象不理解，对风雨雷电的发生不能解释，因而感到恐惧和不安，把自然物和自然现象神话和人格化，认为万物有灵，遂出现了天神、土地神、太阳神、月神、星神、河神、湖神、山神、水神、石神、树神、花神、风神、雨神、雷神、电神等。勃达林洞穴，经碳素测试，是距今 11000 年前后旧石器时代缅甸原始人遗址。在洞壁上发现的岩画，不仅勾勒出了居住在勃达林洞穴内缅甸原始人从事狩猎、捕鱼的生活场景，同时也是缅甸原始人原始宗教信仰的一种佐证。伴随着各种祭祀神明的仪式的举行，主持祭祀仪式的巫师受人尊崇，巫术盛行，产生了缅甸早期的文化。原始拜物教是缅甸人原始宗教信仰的开始，也是缅甸原始文化产生的开始，是缅甸文化发展的第一个里程碑。

今天，现代缅甸人仍然信奉自然物崇拜，仍然崇拜自然现象的遗留。缅甸人认为，自己是太阳神和龙的后代，对大江、大河、大树、巨石崇拜有加。现在，在缅甸街道的大树上，仍然可见摆放的祭龛，祭龛上摆满金色的纸伞和供品，以及大树下虔诚地跪地闭目祈祷祭拜的人群。在缅甸孟邦的一处悬崖峭壁上，有一块巨石，巨石与山顶并不连体，可以将一条绳索从一边拉到另一边，人们用劲一推，巨石还会轻轻晃动起来。巨石下面是万丈深渊，可千百年来巨石却从未滑落下来。关于巨石，缅甸有一个传说。据说许多缅甸人纷至沓来观看，踩坏了当地孟人的庄稼，孟人很生气，于是用一根粗绳子套住巨石，众人在山下使劲往下拉。可是不但巨石没有拉下来，反而参加往下拉巨石的人都在顷刻之间变成了石头人。从此，人们在巨石上贴满金箔，顶礼膜拜，巨石变成了"大金石"，并在巨石上建造金色的佛塔，称为"吉提约佛塔"。据说，一生只要朝拜三次，就可以发大财。从此，人们跋山涉水，风餐露宿，千里迢迢，含辛茹苦，每天前往的朝拜者络绎不绝。缅甸人至今仍然崇信自然物和自然现象可见一斑。

缅甸孟邦吉提约佛塔，俗称"大金石"

巫术是原始宗教的一种表现形式，是原始人最早的一种宗教活动，是一种利用虚构的自然力量来实现某种愿望的法术。巫术活动起源于对神明的祭祀仪式，巫术与早期缅甸原始人狩猎、捕鱼的日常生活和生产紧密相连，目的是祛病、驱灾、祈求风调雨顺，祈求好收成。这些活动丰富了缅甸人早期的文化。

公元3世纪，印度巫术随着婆罗门教传入缅甸。缅甸巫术得到进一步发展。在缅甸古代，每逢国王登基、军队出征、宫廷庆典、布施活动、敬神仪式等都由婆罗门巫师主持。在现代，缅甸巫术、看手相、算命仍然很盛行，巫师活跃于缅甸城乡的大街小巷。缅甸人盖房子、出门办事、婚丧嫁娶、红白喜事，都要看星象，看手相，都要算命，选择良辰吉日才能实施。时至今日，巫术在缅甸人的生活中仍然占据很重要的位置，贯穿于缅甸人的政治、经济和日常生活中。

（三）缅甸文化的定型期

印度小乘佛教传入缅甸，蒲甘王朝定小乘佛教为国教，是缅甸文化形成的第二阶段，是缅甸传统文化发展的第二个里程碑，标志着缅甸传统文化发展到了定型期。学者们一致认为，小乘佛教从印度传入缅甸时间是在公元前 3 世纪。据锡兰成书于公元前 4 世纪的《岛史》和成书于公元 6 世纪的《大史》记载，公元前 3 世纪，印度孔雀国阿育王在位时，在华氏城举行第三次佛经结集，结束以后派遣 9 组高僧到世界各地弘扬佛法，其中第八组由须那迦和郁多罗前往杜翁那崩米（金地）弘法，得信徒 6 万。据考证，杜翁那崩米就是今缅甸南部直通以及周围一带。从此，小乘佛教传入缅甸直通地区。

公元 1056 年，缅甸孟族直通王国国王不再信奉和支持小乘佛教，转而崇信大乘佛教密宗教派，小乘佛教的发展受到排挤和打击。为了寻找明主，小乘佛教大法师阿罗汉来到缅甸北部的蒲甘王朝，向蒲甘国王阿奴律陀王弘扬佛法。正苦于受邪教阿利教的欺压，急于寻找纯洁宗教的阿奴律陀王认为，这就是他要找的真正的宗教。于是，立刻皈依佛门，拜阿罗汉为国师，为阿罗汉长老建造阇达温寺庙，每日亲自为阿罗汉担水，王妃也头顶斋盒为阿罗汉布施斋饭。与此同时，阿奴律陀王定小乘佛教为国教，派遣僧侣深入广大农村，弘扬佛法，广收弟子，大势建造佛塔寺庙。在阿奴律陀王的全力支持下，小乘佛教在蒲甘扎下了根，并获得了空前的发展。在小乘佛教的影响下，形成了缅甸文化的发展形态，从此，缅甸文化具有了小乘佛教的特色，改变了缅甸文化发展的轨迹，确立了缅甸文化以小乘佛教为主的发展的新模式，奠定了缅甸文化的基础。

、（四）缅甸文化的发展期

缅甸文化形成的第三阶段是神祇崇拜时期，是泛灵信仰发展到一定时期的产物，是缅甸人原始宗教信仰发展到一个新的历史阶段，是缅甸传统文化发展的第三个里程碑，是缅甸传统文化的发展期。缅甸人的神祇崇拜非常普遍，信奉的神明也特别多，每个城市都有护城神，每个乡村都有护村神，每个家庭都有护家神。在缅甸，敬神祭神活动很多，仅次于佛事活动，是缅甸人除佛教外第二大宗教信仰。缅甸人信奉的神明主要有三种，即自然神、宗教神和民族神。自然神即指天地日月、风雨雷电、山川湖泊和花草树木诸神。宗教神是指婆罗门教神和佛教神。民族神是指缅甸民族内部产生的神。不同于自然神和宗教神，它是真实存在的，由真人死后变成神的神明。

缅甸蒲甘王朝时期，阿奴律陀王建造了蒲甘最古老的佛塔——瑞喜宫佛塔。在瑞喜宫大佛塔围墙的内侧挂有 37 位神明的像，称为内 37 神。内 37 神主要是佛教神明，是用佛教神明来保护佛祖和佛塔。围墙的外侧还挂着 37 位神明的像，称为外 37 位神，是缅甸人民从古代起到现代一直供奉的民族神。缅甸人信奉的神明不计其数。因为 37 是吉祥数字，因此，缅甸人就取 37 位缅甸全

瑞喜宫佛塔

国人民共同信仰的神明加以供奉。

公元 4 世纪，蒲甘前期丁里姜王时期，产生了缅甸第一组民族神，共有 7 位神明。这组神以摩诃吉利神为首，称为摩诃吉利神组，这是缅甸最早产生的民族神，也是现代缅甸人的家神，故亦称为"家神组"。其他 6 位神明是：金脸神、瑞那贝神、信纽神、信漂神、东班拉神和信奈密神。

公元 1044 年，阿奴律陀王第一次统一了缅甸，建立了蒲甘王朝（1044—1287）。阿奴律陀王时期，是缅甸产生民族神最多的时期。该时期，缅甸人以信奉婆罗门教神为主转为信奉民族神为主，先后产生了 16 位民族神，是缅甸民族神产生最多的时期。这组神中，以阿奴律陀王为首，都与阿奴律陀王有关联，故称为"阿奴律陀王神组"。其他 15 位神明是：白伞王后神、明觉苏瓦神、白伞神、勃林马信明康神、良钦欧神、瑞品基神、瑞品艾神、曼德勒波道神、信挂神、信道神、明悉都神、丹貌信神、昂苏瓦玛基神、瑞锡丁神和梅道瑞萨加神。

彬牙王朝时期（1298—1364），缅甸又产生了第三组民族神。这组民族神总计有两位，即信恭神和五白象主神。

阿瓦王朝时期（1364—1552），缅甸产生了第四组民族神。这组民族神共有6位。这6位民族神是：明德耶基神、西宫娘娘神、貌波都神、昂彬莱信漂辛神、瑞瑙雅塔神、貌明漂神。

东吁王朝时期（1531—1752），缅甸产生了5位民族神，这是第五组民族神。这组民族神共有5位。他们是：德彬瑞梯神、妙白信玛神、东吁信明康神、丹道坎神、明耶昂廷神。这组神大都与德彬瑞梯神有关系，因此，也称为德彬端梯神组。

东吁王朝时，缅甸人供奉的37位传统神已经形成。其中第一位传统神是婆罗门大神天帝释，其余36位传统神都是缅甸的民族神。

蒲甘壁画，古代缅甸人朝拜佛祖

东吁王朝时期时，伴随着 37 位传统神的形成，缅甸人崇拜传统神的热情达到高潮，缅甸人的原始宗教信仰和原始文化的发展达到了前所未有的程度。

该时期，缅甸人竞相建造神庙，在京都的大街小巷上，在城镇和乡村的街道、建筑物和大树上，摆设神龛，敬奉神明，烧香供果，顶礼膜拜。每逢缅历九月，缅甸全国都要隆重过敬神节。敬神节到来前夕，人们要大量屠宰黄牛、水牛、猪、鸡，祭祀卜巴山上的摩诃吉利大山神。节日当天，家家门前都要设神柱，把牛头、猪头、鸡头挂在神柱上。东吁国王为了保护佛教，不得不出面干预，下令为了发展农业，禁止屠宰牲畜祭祀摩诃吉利大山神，并禁止百姓在门前设立神柱祭祀神明，史称"勃印囊王反神运动"。于是，东吁百姓就把摩诃吉利神请到室内，在室内设神龛供奉。从此，摩诃吉利大山神从护山神变成家神，成为缅甸人的"一家之主"。至今，缅甸人祭祀摩诃吉利神的方法也由大量屠宰牲畜祭祀转为在室内挂起椰子祭祀。这样做是因为摩诃吉利神是被火烧死的，据说椰子油能医治烧伤。

到了缅甸最后一个封建王朝贡榜王朝时期（1752—1885），缅甸人对神祇的崇拜又一次掀起高潮，尤以波道帕耶王时期（1782—1819）最为热烈。在波道帕耶王的大力支持下，缅甸修缮了已经毁坏的神殿和神庙，人们又开始在卜巴山上祭祀神明。他们把卜巴山上的摩诃吉利神像贴上金箔，给神像戴上了用纯金制作的金冠，每年九月都要在大臣们的主持下隆重举办盛大的祭神会。敬神会人山人海，热闹非凡。

在现代，缅甸人对神明的信仰已成为自觉行为，几乎家家都设有佛龛和挂椰子供神。除了供奉摩诃吉利家神外，还各取所需，根据自己情况供奉神明，盼望神明保佑自己摆脱贫困，吃穿无忧，过上好日子。随着时代的发展，缅甸人对传统神的信仰非但没有减弱丝毫，反而与日俱增。神祇崇拜已经成为除了佛教外缅甸人的第二大信仰。缅甸学者在敏悉都所著《缅甸信神史》前言中写道："以混合信仰开始的我们的小乘佛教信仰至今仍然没有超越混合信仰的阶段""十分明显，那些想摆脱各种苦难，梦想发财的佛教徒置三宝和三业于不顾，崇信咒符、祖先和神明的现象已经发展到了极端""伴随着各种咒语的流行，各种神像、因陀罗僧侣像以及婆罗门教最早信奉的艺术女神像等竞相进入市场，这对于佛教徒来说，犹如梦中的护身符一样"。

缅甸人供奉的大山神，即家神

综上所述，我们可以看到，缅甸的原始宗教，从崇拜自然物、自然现象到相信万物有灵，从崇拜自然神发展到崇拜民族神的发展历程。该时期，神祇崇拜与小乘佛教信仰并行，缅甸人不仅崇拜小乘佛教，还崇拜民族神祇，缅甸传统文化既受到小乘佛教的影响，又受到神祇崇拜的影响，缅甸传统文化进入了接受小乘佛教影响和神祇崇拜影响的发展期。我们也可以看到，缅甸的原始宗教与在原始宗教基础上产生的缅甸原始文化孪生共长的过程。我们有理由相信，缅甸的原始文化是随着缅甸的原始宗教而产生和发展起来的。

（五）缅甸文化的成熟期

小乘佛教自从蒲甘王朝时期传入以后，历经南北朝分裂时期、东吁王朝时期、贡榜王朝时期，前后829年的发展，在缅甸历代国王的大力支持和扶持下，一直长盛不衰，获得了极大的发展，缅甸最后一个封建王朝贡榜王朝是缅甸封建社会发展的成熟期，也是缅甸文化全面发展的时期。

在北朝阿瓦王朝，缅甸出现了"多汉发灭佛事件"，使得缅甸佛教的发展受到了打击。但是，由于缅甸加强了与锡兰的合作，迎请锡兰高僧到缅甸弘法，一起研习佛法，阿瓦佛教逐渐兴盛起来，阿瓦自蒲甘以后，成为上缅甸佛教的中心。

在南朝勃固王朝时期，信修浮女王在位19年，大力发展佛教。用与自己体重相等的90磅黄金装饰仰光大金塔塔顶，使得大金塔金碧辉煌，更加宏伟壮观。为了能天天瞻仰大金塔，女王特意在仰光珊羌镇区建造寝宫，即使在病危时，还命人将其抬近窗前，远眺大金塔的金顶，瞑目而逝。在信修浮女王的大力支持下，佛教在勃固王朝盛极一时。

在东吁王朝，勃印囊王笃信佛教，广建佛寺，供养各方僧众。他自毁王冠，取下珠宝，装饰佛塔，大量印发佛经，鼓励研习佛法，使得东吁王朝时期的佛教获得了很大发展。此外，勃印囊王时期还到泰国清迈修建佛塔，促进了佛教的传播。

贡榜王朝时期，阿朗帕耶王是一位虔诚的佛教徒，每日都把僧人请入宫中供奉斋饭。每月4次持戒日都和大臣们一起守戒。阿拉帕耶王多次宣称自己是"佛教的捍卫者、保护人"。波道帕耶王时，佛教发展到鼎盛时期。波道帕耶王下令在全国建造佛塔，建造藏经楼、建造塔窟，佛教获得了大发展。"俗最重佛，生平有所余积，概以布施，无所吝啬。喜造浮屠，金碧华丽。每一村一镇，必有数十塔也。"达亚瓦底贡榜王时期，在曼德勒山广修寺庙和佛塔以积功德。1841年，他一次就布施3200缅斤（约合5000公斤）黄金贴在仰光大金塔塔身上。敏东王时期，隆重召开了第五次佛经结集，将全套《三藏经》镌刻在729块大理石石碑上，珍藏于曼德勒山下的石经院中，被称为"天下最大的书"。镌刻后，敏东王诏曰："发现石碑上有一个错字者，赏银元宝一个。"结果没有一个人前来领赏。该时期，缅甸佛教中心，从蒲甘开始，经阿瓦、勃固、转移到曼德勒。贡榜王朝时期，曼德勒成为缅甸佛教中心，小乘佛教在缅甸的发展，促进了围绕小乘佛教形成的

仰光大金塔

缅甸文化的发展，小乘佛教对缅甸语言文字、文学艺术、音乐舞蹈、建筑雕刻艺术、教育、传统节日和风俗习惯的影响日臻完善，缅甸传统文化的发展进入了成熟期。

（六）缅甸文化的繁荣期

1948 年缅甸独立。独立以后，缅甸传统文化的发展进入了一个繁荣时期。吴努总理是一位虔诚的佛教徒，在他执政时期，缅甸成立了世界佛教大学，在仰光世界和平塔路仿造第一次佛经结集所在地七叶窟的设计修建了人造佛窟，召开第六次佛经结集，派专机迎请中国佛牙到缅甸巡礼，使缅甸独立后的佛教发展达到高潮。以小乘佛教影响为主的缅甸文化的发展也进入了高速发展时期。

自 1885 年缅甸沦为英国的殖民地以后，西方文化就通过各种方式传入缅甸，限制缅甸文化的发展，企图通过文化侵入，永远占领缅甸，奴役缅甸人民，掠夺缅甸财富。独立以后，历届缅甸政府，为了巩固主权独立，为了国家不分裂，一直大力提倡维护传统民族文化，宣传文化存，国兴旺；文化丢，国灭亡。政府还号召人民抵制西方文化的入侵，维护和发展民族文化传统，并为此颁布了各种法令。在独立以后缅甸历届政府的号召和支持下，缅甸传统文化获得了很大发展，进入了繁荣期。

原始社会时期，缅甸先民崇拜自然物和自然现象，进而把这些自然崇拜人格化、神化，崇拜万物有灵，以及由此产生的对自然物、自然神、民族神的崇拜心理和祭祀仪式和庆典，是缅甸传统文化发展的产生期。蒲甘王朝，小乘佛教从南部直通传入蒲甘地区，阿奴律陀王定小乘佛教为国教，取缔了阿利教等其他教派，独尊小乘佛教，在全国大量修建佛塔寺庙，完成了从多重信仰到小乘佛教一支独大的转变，使缅甸文化走上了以小乘佛教影响为主的发展方向，是缅甸传统文化的定型期。东吁王朝时期，产生37 位民族神，缅甸全国上下，围绕民族神崇拜，轰轰烈烈举办敬神月和庆祝敬神节，举行各种祭祀民族神活动，说明缅甸人的神灵信仰发展到了高级阶段，缅甸传统文化进入高速发展时期。贡榜王朝、敏东王时期缅甸传统文化全面发展，是缅甸文化发展的成熟期。独立以后缅甸吴努时期，缅甸成为世界佛教中心，小乘佛教在缅甸获得了空前的大发展。在小乘佛教的影响下发展起来的缅甸传统文化，从原始社会产生，经过蒲甘时期小乘佛教传入以后的定型，经过南北朝时期的发展，经过东吁王朝时期民族神崇拜的冲击，经过莽应龙王的"反神运动"，最终确立了以小乘佛教影响为主、以神祇崇拜影响为辅的发展道路，并在贡榜王朝时期获得空前的发展，在独立以后进入繁荣期。

缅甸民族传统文化是在原始自然物崇拜、自然神崇拜、民族神祇崇拜，尤其是在小乘佛教信仰的影响下形成的，是在缅甸历代统治阶级的大力支持下壮大的。缅甸民族传统文化属于东方文化，属于吸收型文化，在印度文化和中国文化的影响下，以孟族和骠族文化为基石，在农耕文化的基础上，形成了以小乘佛教色彩为主，以原始自然物崇拜、自然神崇拜、民族神祇崇拜影响为辅的混合型文化。

在小乘佛教的长期影响下，缅甸人养成了以佛教思想为主的人生观、世界观和价值观，佛教成为缅甸人衡量行为的标准和判断是非的准则。佛教渗透到缅甸人的心里，体现在缅甸文化的各个领域，反映在缅甸社会生活的各个角落。现在的缅甸社会，处处充满了佛教元素和佛教符号，佛事活动贯穿缅甸整个社会和缅甸人的一生。

除了小乘佛教和原始宗教外，在缅甸的文化中，还有伊斯兰教、基督教、印度教、儒释道等因素的影响，因此缅甸文化也是一种多元文化体系。

三、缅甸文化的特点

文化是人类社会实践的结晶。文化具有明显的区域性。自然和社会环境不同，文化特质各异。缅甸文化是在缅甸的自然和社会环境中产生、发展和形成的，因此，具有其自身的特质。概括地讲，缅甸文化具有以下五大特点：宗教性、区域性、农耕性、兼容性和多元性。

（一）宗教性

缅甸文化深受印度文化影响。随着婆罗门教、小乘佛教和印度教传入缅甸，缅甸文化吸收了很多印度宗教文化的元素，并在吸收印度文化的过程中不断发展壮大。缅甸的法典是从印度学来的，缅甸佛塔的形状、佛像的雕塑、文学创作、舞蹈姿势、饮食口味、雕刻艺术、传统节日、风俗习惯、巫术占卜算命、崇尚与禁忌等，几乎缅甸文化的每一个领域都吸收了印度文化的精华，都与小乘佛教有关，都具有小乘佛教的特色。这方面的例子不胜枚举，就拿缅甸传统节日来说，缅甸一年中 20 多个传统节日中绝大部分节日都与释迦牟尼的一生有关。现代缅甸人的生活离不开佛教，所以有西方人曾说："佛教就是缅甸人的习惯。"

现代缅甸人排队赶着牛车去拜佛

（二）区域性

缅甸地处东南亚地区，属于东盟成员国。东南亚位于亚洲东南部，包括中南半岛和马来群岛两大部分，绝大部分处于热带地区。中南半岛属热带季风气候，马来群岛为热带雨林气候。总的来看，东南亚地区的气候酷热难耐、阴雨连绵、空气潮湿。因此，处在该地区的缅甸文化与东南亚各国的文化有很多相同之处，比如饮食、住宅、风俗、习惯、节日、崇尚、禁忌等都具有东南亚热带多雨地区的特色。缅甸饮食口味"酸、咸、辣"以及其他缅甸传统食宿和穿戴习惯都具有明显的东南亚地域特色。

（三）农耕性

缅族原本是一个游牧民族，进入缅甸以后，接触到孟族，学会了种植水稻等农作物的技术，开始转为从事农业种植。缅甸文化本质上是一种农耕文化，是以农耕为基础形成的文化。纵观缅甸传统文化，有很多农耕元素。缅族首领阿奴律陀王建立蒲甘后，大力兴修水利，在缅北组织修建了多座水库、水渠和水坝，为农业生产提供了可靠保障。与此同时，缅族人开始进行大规模的水稻灌溉种植，促进了缅甸文化的发展。至今，缅甸仍然以农耕为主，以种植水稻为主要经济活动，围绕水稻种植产生了很多生产和生活风俗习惯，缅甸传统文化具有浓厚的农耕性。缅甸传统节日中的开耕节、糯米糕节就是典型的例证。

（四）兼容性

文化具有鲜明的民族色彩。文化交流是文化发展的源泉和动力。文化只有经过互相交流，互相碰撞与融合，吸收新鲜元素才能不断向前发展，否则，文化就会消亡。缅甸处于古代两大文明古国中国和印度中间，对于中国文化和印度文化传入的态度，采取了包容和兼容的态度，吸收了中国文化和印度文化中适合缅甸的成分，同时也吸收了西方文化，丰富了缅甸文化，有力地促进了缅甸传统文化的形成与发展。缅甸文化的吸收型特点非常突出，缅甸文化具有兼容性。

（五）多元性

缅甸文化具有多元性。缅甸文化的组成，是以原始崇拜和神祇信仰文化为基础，小乘佛教文化成分为主体，兼有儒释道文化成分、基督教文化成分、伊斯兰教文化成分组成的混合型多元体。缅甸人的喝奶茶习惯和餐饮礼仪等都是西方文化元素的移植，缅甸人长幼有序的伦理道德、尊老爱幼的习俗、饮清茶的习惯等都是受儒释道文化的影响的结果。

第三章

中缅文化交流的优越条件

缅甸，在我国的历史上，汉朝称其为掸国，唐朝称其为骠国，宋朝称其为蒲甘，元朝称其为缅国，从明朝起始称为缅甸。缅甸全名为"The Union of Myanmar"，应译为"缅甸联邦"，简称"缅玛"，系 Myanmar 一词的音译。根据缅甸学者的考证，"Myanmar"一词的来源有以下四种：其一，根据神话传说，"Myanmar"源自天神大梵天 Byahmar，经语音变化，逐渐变成"Myanmar"一词。其二，"Myanmar"一词源自孟语的"Mirmar"，"Mirmar"一词发现于 1102 年所刻写的孟文碑铭《江喜陀王建宫碑》上，要比发现"Myanmar"一词早 82 年。据我国学者岑仲勉考证，《史记》中西南夷列传所提"靡莫"就是缅族的祖先。"靡莫"即"Mirmar"一词的音译，因此，"Myanmar"是由"Miamar"转变的。其三，有缅甸学者认为，"Myanmar"一词中的"Myan"是由"Myin"一词演变而来。"Myin"一词在缅文中意为"马"，"mar"一词为"硬、强壮"之意，故"Myanmar"一词意思为"善于骑射而壮健之人种"。这与我国古籍《蛮书》记载的缅人"有马不鞍而骑""其国多马，不鞍而骑"相印证。其四，"Myanmar"一词，在缅文中，"Myan"为"迅速""机敏"之意，"mar"为"强壮""健康"之意，缅人自称此名，意为"缅人是反应机敏，身体强壮之民族"。

"Myanmar"一词的汉译音应为"缅玛"，但是，为什么我国称其为"缅甸"呢？我国明清学者顾炎武在《天下郡国利病书》中说："缅，古之朱波也，汉通西南夷后谓之掸，唐谓之骠，宋、元谓之缅。"笔者认为"缅甸"中的"缅"字应当是缅文"Myan"的译音，关于"甸"字，我国学者王婆楞在《中缅关系史》中说："甸，畿内区域之称，畿者，古称天子所领之地为畿……春秋晋为甸侯，谓封于甸服之诸侯也；又古天赋之法，缅曾效行；元明以来，多视威德所及者，虽远亦近之，故多名曰甸，不失古者天子领地为畿之旨。如当时西南各属中之中甸、骠甸等，以名见于史籍者百余，皆缅甸命名之义也。"[1] 因此，"甸"字的意思为"路途遥远受皇封之地"。如果王婆楞的观点成立的话，"缅甸"一词本身即是中缅文化交流的结果。但也有学者

明清学者顾炎武画像

---

[1] 王婆楞：《中缅关系史》，商务印书馆，1940年版第 54～55 页。

认为，"缅"字系缅文的汉译音，"甸"字是缅文 Taing（国家、地区）或者傣文 Ting（国家）、Tung（地区）等字音变后的汉译音。

王婆楞先生在《中缅关系史》中说道："彼（缅甸）其与中国历史上亲善之关系，岂先天已注定其命运欤？不然，何土壤之相连，地形之相类，血脉之流通，有如是之亲切耶！"[①]中缅关系源远流长，有其深厚的地理、历史和人文的原因，而中缅文化交流又何尝不是同中缅关系一样源远流长，有着深厚的地理、历史与人文的原因呢！

一、得天独厚的天然通道

缅甸，是中南半岛上最大的国家。缅甸地处中国和印度两大文明古国的中间，是中国和印度文化交流的必经之地，是中印文化交流的中转站。它不仅对中印的文化交流起到了积极的作用，而且也促进了中缅和印缅的文化交流。

缅甸是我国的友好邻邦，与我国云南省接壤，彼此有 2100 多公里的共同边界线。边界两侧跨境居住着众多的两国人民，很多两国公民共同居住在一个村庄，一个寨子，"檐相邻而同井饮，籍虽两国之民，居处难分"。[②]他们友好交往，互通有无，和睦相处，自由贸易，很早就开辟了金银大道，亲如兄弟姐妹，建立了胞波友谊。

---

① 王婆楞：《中缅关系史》，商务印书馆，1940 年版第 2 页。
② 江应樑：《白夷传校注》，云南人民出版社，1980 年版第 129 页。

中缅两国山山相连。缅甸地形三面环山，一面临海，中间是平原，形状似马蹄。西面的山脉叫若开山脉，东面的高原称掸邦高原，中间平原称作伊洛瓦底江平原。若开山脉和掸邦高原都是我国境内喜马拉雅山的余脉形成的。若开山脉向南延伸逐渐深入大海，掸邦高原矿产丰富，是缅甸的聚宝盆。

中缅两国水水相依。缅甸境内有三条大河：伊洛瓦底江、萨尔温江和湄公河。这三条大河都发源于我国。伊洛瓦底江发源于我国的独龙江；萨尔温江发源于我国的怒江；湄公河发源于我国的澜沧江。正如陈毅副总理诗中所说："我住江之头，君住江之尾，彼此情谊深，共饮一江水。"

伊洛瓦底江以雨神"伊洛瓦底"命名，发源于我国西藏察隅境内的独龙江，流入缅甸境内以后，在密支那以北45公里处的密松与迈立开江汇合，始称伊洛瓦底江。伊洛瓦底江全长2173公里，从北向南逶迤穿过无数崇山峻岭，原始森林，一望无垠的大平原，流经克钦邦、实皆省、曼德勒省、马圭省、勃固省、仰光省和伊洛瓦底省，在三角洲汇入印度洋的安达曼海。流域面积43万平方公里，占缅甸总面积的60%。在我国古书上，伊洛瓦底江称为"大金沙江"，是缅甸的第一条大河，缅甸人民称之为"天惠之河"。伊洛瓦底江两岸风景秀丽，物产富饶，是缅甸的母亲河，缅甸各民族文化的发源地，缅甸人的生命线，是连接中缅两国的第一条天然纽带和友谊的桥梁。

萨尔温江的上游是我国的怒江。怒江发源于西藏高原唐古拉山南坡，经云南省镇康以西的龙陵县越过中缅边境流入缅甸境内。

在缅甸境内，萨尔温江流经掸邦、克耶邦、克伦邦、孟邦、在毛淡棉附近注入莫塔马湾，全长3200公里，在缅甸境内长1660公里，缅甸人称之为"丹伦江"，是缅甸的第二条大河，也是连接中缅两国的第二条天然纽带。据我国史籍记载，早在2000多年以前，萨尔温江河谷便成为中缅两国人民进行经济贸易和文化交流的天然陆路通道。中国商人通过这条通道，把丝绸、瓷器、茶叶、盐巴、布匹和铜铁制品运入缅甸，并从缅甸进口玉石、宝石、琥珀、棉花、象牙等。1961年，陈毅副总理跟随周恩来总理访问缅甸时，在奈温将军的陪同下，特地访问了萨尔温江入海口毛淡棉市，即兴写下了《访毛淡棉》诗歌一首。诗中写道："我昔游西藏，曾饮怒江源；今日访缅甸，抵达毛淡棉。江头与江尾，兹游幸获全。中缅友谊似江水，万里长川永相连。试看江流永无限，太平洋上水不寒。"周总理听后说："的确，萨尔温江发源于中国，而在缅甸毛淡棉入海。它把我们两国联系在一起，使我们结成了'胞波'的友谊。"①

流经云南省的怒江

---

① 转引自王介南、王全珍：《中缅友好两千年　纪念周恩来总理到德宏四十周年》，德宏民族出版社，1996年版第6页。

湄公河流经中、缅、老、泰、柬、越六国，是一条连接中国与缅甸以及东南亚的国际河流。在中国境内称为澜沧江，进入缅甸以后称为湄公河。湄公河犹如一条彩带把我国云贵高原和缅甸东北部紧紧相连。

缅甸境内的高山和大河基本都发源于我国，深入缅甸境内。中缅两国国境相连，山水相接，我国在山之头，缅甸居山之尾；中国在江之头，缅甸于江之尾，"彼此地相连，依山复靠水"，[①]优越的自然环境和人文条件为中缅文化交流增添了便捷的天然通道，创造了独特的文化交流的自然条件。

在我国历史上，存在着一条从蜀国四川经云南、上缅甸到印度，直至中亚、内欧的古商道，学者们称之为"蜀身毒道"，身毒即指古印度。此后又发展为"南方丝绸之路"或"西南丝绸之路"或"川滇缅印通道"。这条道就是我国最早经缅甸与印度开展贸易和文化往来的天然通道。据我国史籍记载，这条道分为三段，即川滇段、滇缅段和缅印段。川滇段为四川到达云南的路线，分为两条道，一条为灵关道，即汉西夷道、唐清溪关道。该道从蜀（成都）经临邛（筇崃）、灵关（芦山）、筰都（汉源）、邛都（西昌）、青蛉（大姚）至大勃弄（祥云）、叶榆（大理）。一条为五尺道，即古僰道、汉南夷道、隋唐石门道、朱提道。该道从蜀（成都）经僰道（宜宾）、朱提（昭通）、味县（曲靖）、滇（昆明）、安宁、楚雄到叶榆（大理）。滇缅段即是从大理到缅甸的

---

① 陈毅诗句，见王介南、王全珍：《中缅友好两千年　纪念周恩来总理到德宏四十周年》，德宏民族出版社，1996 年版第 7 页。

路途。汉代称为博南道、永昌道。缅印段即经缅甸到印度的道路。唐代与滇缅路同称为西洱、天竺道。① 关于滇缅段和缅印段，我国史籍《新唐书·地理志》详细记载了贾耽写的这条蜀身毒道滇缅段和缅印段的走向：一路"自羊苴咩城（今大理）西至永昌故郡（今保山）三百里。又西渡怒江，至诸葛亮城（今龙陵）二百里。又南至乐城（今瑞丽）二百里。又入骠国境，经万公等八部落，至悉利城（今缅甸锡箔）七百里。又经突旻城（今缅甸叫栖）至骠国（今缅甸卑谬）千里。又自骠国西度黑山（缅甸钦山），至东天竺迦摩波国（印度古国，今阿萨姆高哈蒂）千六百里。"另"一路自诸葛亮城西去腾充城（今腾冲）二百里。又西至弥城（今盈江）百里。又西过山，二百里至丽水城（今缅甸打洛或八募）。乃西渡丽水（今伊洛瓦底江）、龙泉水（今勐拱河），二百里至安西城（今缅甸孟洪）。乃西渡弥诺江水（今亲敦江），千里至大秦婆罗门国（今印度曼尼普尔）。又西度大岭，三百里至东天竺北界箇没卢国（今印度阿萨姆）。"

对于这条蜀身毒道在中缅、中印的贸易与文化交流中的作用，中外学者都给予了积极的评价。据伯希和考证，印度古代梵文经典《摩诃婆罗多》和《摩奴法典》中使用的"支那"即是"秦"的对音。他认为在公元 2 世纪之前"中国与印度已由缅甸一道发生贸易关系"。"印度人开始知道有中国，好像是从这条路上得来的消息"。缅甸学者波巴信说"上缅甸约在 1700 年以前，由它

---

① 路义旭：《论西南丝绸之路的研究状况》，载《西南民族大学学报》第 11 期，第 222 页。

位于西方的罗马和东方的中国互相往来的陆上通衢之间，就成为中国和印度之间的枢纽"。英国学者戈·埃·哈威在他著的《缅甸史》中说：上缅甸"其地固与中国为邻，且自纪元前 2 世纪以来，中国已以缅甸为商业通道"。另一名英国学者霍尔在《东南亚史》一书中说："从印度前往中国（除海路外）还有一条通过阿萨姆、上缅甸和云南的北方路线。历史的记载证明，早在公元 128 年，当张骞在大夏发现四川的产物时，这条路线就曾经被人使用。"[①]关于这条蜀身毒道的开发时间，缅甸学者吴耶盛在《骠国时期对外关系》中，认为自秦汉以来这条路就已经存在，"汉初，中国的西南民族，尤其是四川商人却顺这条路到了骠国，再通过骠国与印度进行商品贸易"。东方学大师季羡林先生根据公元前 4 世纪印度孔雀王国大臣憍乔胝厘耶在《政事论》中对丝的记载，认为最迟在公元前 4 世纪中国丝绸已经通过这条路输入印度。而向达先生认为，公元前 5 世纪释迦牟尼在世时中印已通贸易。我国最早记录这条道路的是司马迁。他在《史记·西南夷列传》和《史记·大宛列传》中说，汉元狩元年，博望侯张骞出使大夏国，在大夏见到蜀布、邛竹杖，是从距大夏东南数千里的身毒国四川商人的市场里买来的。说明公元前 2 世纪以前，蜀身毒道已经存在无疑。这条道以及后来我国抗日战争时期修建的滇缅公路和连接中缅印三国的著名的史迪威公路为中缅两国之间的文化交流创造了有利的外部条件，极大地促进了中缅的文化交流和商贸往来。

---

① ［英］D.G.E.霍尔：《东南亚史》，中山大学东南亚历史研究所译，商务印书馆，1982 年版第 45 页。

正如日本学者藤泽义美所说："早在西方纪元前起，经由这条路进行的文化交流超出了我们的想象……从这时候开始作为中国通往印度的一条最短的路程，从四川经云南出缅甸这条路已经引起人们的重视。"[①]古代中缅文化交流正是从这条古路开始的。

抗日战争时期，老人、小孩和妇女一起修建滇缅公路的情景，存于美国国会图书馆

二、血脉相连的民族渊源

中缅两国人民自古以来就友好相处，亲如手足。这种友好关系被世代两国人民称为"胞波友谊"，意即"手足之情""兄弟姐妹之亲"。中缅两国人民之间的这种胞波友好关系在两国的神话和民间故事中均能找到佐证。首先，在中缅两国的神话故事中，中国人和缅甸人都认为他们都是太阳神之子和神龙的后代，因此，

---

① 转引自路义旭：《论西南丝绸之路的研究状况》，载《西南民族大学学报》第 222 页。

他们是同宗同族血脉相连的兄弟姐妹。中国和缅甸的神话故事中都有关于月亮的传说，从故事情节上看，中国和缅甸的这则神话故事十分相似，都说月宫中有一位女神，一位老人在不停地春米，还有一只兔子在老人身边。另外，中国和缅甸神话故事中也都有一则关于月食的传说故事。这则关于月亮的传说故事，中国和缅甸尽管有些情节不尽相同，但是月亮是被天狗吃掉的这一点则是完全相同的。

在缅甸的民间故事中，有一则故事名字叫《三个龙蛋的故事》，这个故事从缅甸古代一直流传到今天，家喻户晓，妇孺皆知，脍炙人口，竞相传颂。故事说，在很久很久以前，有一位名字叫龙桑蒂的龙公主与太阳神邂逅，两人产生了爱情。太阳神在龙公主处住了一阵子以后，因有事就离开了。龙公主怀有身孕并生下了三个龙蛋，一个龙蛋在缅甸北部抹谷市破裂后变成了无数的红宝石，至今抹谷市仍是缅甸的著名红宝石产地；一个龙蛋孵出了一个美丽而可爱的小女孩，小女孩长大以后，变成了一位美若天仙的公主，由众神将她送往中国，后来成为中国的皇后；第三个龙蛋孵出一个活泼可爱的小男孩，由一对骠族老夫妇抚养成人，长大以后，力大无比，文武双全，成为缅甸蒲甘王朝的开国君主骠苴底。[①] 据此，中缅两国人民都说自己是太阳神之子、龙的后裔，是一母所生的同胞兄妹，缅甸人亲切地称呼中国人为"瑞苗胞波"，意为"亲戚同胞""亲兄弟姐妹""一奶同胞"。

《波贺咪满》是流传在我国云南傣族之间的民间故事。"波

---

① ［缅］《琉璃宫史》第 1 卷，密巴宫三藏经出版社，1956 年版第 215～217 页。

贺咪满"意为"夫为傣族，妻为缅族"。
因此，《波贺咪满》即为夫为傣族妻为缅
族的故事。故事说，从前我国云南傣族召
清王有一位王子。一日，这位王子来到缅
甸京都阿瓦，爱上一位缅族姑娘，并与之
结为夫妻。王子有了儿子，从缅甸回国拜
见父王。住了几年以后携妻回到缅甸，又
生了三个儿子。王子让四个儿子出外扩充
疆土。两个儿子来到景栋、孟连，另外两
个儿子来到勐永、景洪。后来，景洪、孟
连归中国管辖，景栋、勐永归缅甸管理，
因为彼此都是"波贺咪满"的后代，友好
相处，每年互赠礼品。[①] 据此，中国人也同
缅甸人一样认为中缅两国人民是同胞兄弟。

　　无独有偶。公元 1569 年，缅甸东吁王
朝第二代国王莽应龙决定与傣族联姻，将
公主远嫁西双版纳。西双版纳召片领刀糯
猛死后，由刀应猛继任。同年(明隆庆三年)，
刀应猛派人赴阿瓦觐见东吁国王，表示投
顺。莽应龙遂授予刀应猛为车里宣慰使，

缅甸国家博物馆前的莽应龙塑像

---

① 　王介南、王全珍：《中缅友好两千年　纪念
周恩来总理到德宏四十周年》，德宏民族出版社，
1996 年版第 9 页。

并封之为"左掸国大自主福禄至善王"，允以"金莲公主"嫁给刀应猛为妻。随后不久，金莲公主辞别父王莽应龙和母后，在使臣赛诏护送下，前往中国西双版纳。刀应猛派遣十二版纳官员集队往迎于郊。公主到来以后，簇拥着引入景洪城内，举行隆重的婚礼，并演出百戏庆贺。婚礼上，刀应猛拜明朝为父，缅朝为母。明朝使臣搀扶刀应猛左手，缅方使臣搀扶右手，使之登上宝座。行滴圣水礼，缅方使臣封公主为"娘酥挽纳坝督玛王后"。傣缅联姻后，车里奉中缅两个宗主国，每一位宣慰使即位，都接受明朝和缅甸双方的封号。傣缅联姻，进一步促进了中缅的传统友谊，更使传统胞波友谊亲上加亲，锦上添花。

据缅甸政府 1983 年公布的资料，缅甸境内居住的民族共有135 个。有八大民族支系，缅族是缅甸的主体民族，少数民族共有7 个，它们是克伦族、掸族、孟族、若开族、克钦族、钦族、克耶族。据考证，居住在缅甸境内的民族除了极少数缅甸最南端的属于澳大利亚人种的土著民族尼格利陀人以外，其余都是黄皮肤的蒙古人种。他们源自我国西北和华南地区，大约在公元前后沿着怒江、澜沧江、萨尔温江、伊洛瓦底江、红河、湄公河、锡唐河等河谷进入缅甸以及东南亚各国。迁徙至缅甸境内的民族主要有两大语系，即南亚语系（孟高棉语族人）和汉藏语系（藏缅语族人和汉泰语族人）。属于孟高棉语族的有孟族、佤族、布朗族、德昂族等。属于藏缅语族的有缅族、若开族、克钦族、钦族、那伽族、傈僳族以及已经消亡的骠族等。属于汉藏语系汉泰语族的有掸族、克伦族、克耶族、伯奥族等。

孟高棉语族人是从我国最早进入缅甸定居的民族。孟高棉语族的先民，据考是我国史书上称之为百濮的族群，原定居于华南、四川以及滇西一带，在古代曾是一个人口众多的族群。我国傣族人有句俗话说："天是天神造的，地是腊人开的。"这里的"腊人"指的就是我国史书上的濮人。孟人居干栏式房屋，以种植水稻和纺织木棉布为生。英国考古学家卢斯教授考证认为，大约于公元前 2000 年，孟人沿着红河、湄公河、湄南河、锡唐河、萨尔温江河谷由东向西逐渐迁移，进入缅甸境内，并逐渐定居下来。在缅甸的孟族人大多集中于下缅甸一带，但也有定居于中缅甸的。① 同族的瓦、布朗、德昂等族则跨中缅边境一带而居。孟人在下缅甸建立了强大的孟族王国，当时印度人称其为"金地"。孟族文化对后期迁入缅甸的各民族影响很深，孟文早于缅文在缅甸境内存在，下缅甸许多地名原来都是孟文。

藏缅语族人是我国古代氐羌族。氐羌族是我国古代族群名，居住在陕、甘、川交界地区。春秋战国时，文献多以"氐羌"并称。汉代以后，族群分裂，分为"氐"和"羌"两个民族。氐羌族以游牧为生，后来也从事农业，种植水稻。公元前 4 世纪，秦朝以武力统一了中国的西部，导致大批羌人远离故土，从中国的西北部陆续南迁。《后汉书》中的西羌传就有先秦时期羌人大规模从西北南迁的有关记述。它的南迁形成了由甘肃、青海、四川进入云南乃至东南亚的通道，即沿着横断山脉几条大河，包括怒江、澜沧江等河流的河谷南下。公元前 1 至公元前 2 世纪或者更早一

① 李谋、姜永仁：《缅甸文化综论》，北京大学出版社，2002 年版第 36 页。

些时候到达我国云南和缅甸一带，首先到达的是属于这一民族支系的骠族，其次是属于这一民族支系的缅族，先后定居在伊洛瓦底江中下游广大地区和伊洛瓦底江三角洲一带。

　　汉泰语族人源自我国古代的百越族系，与我国云南的傣族、泰国的泰族、印度阿萨姆邦的阿洪人属于同族。据《汉书》《华阳国志》记载，在我国先秦时，在东南沿海浙江、福建、广东、广西、内陆云贵高原一带，分布着一个很大的族系就是百越族系。考古学者在这一新月形地带发现的器物与浙江河姆渡文化遗址的出土文物极其相似，证明了百越部落逐步迁徙扩散分布越来越广。这在我国汉文史料和傣人典籍中都可以找到这一部落逐步南迁的记载。大约在秦汉以后，越人沿珠江西进至滇中，后来再南下进入老挝、泰国和缅甸，定居在缅甸北部和中部一带。他们进入缅甸的时间晚于孟高棉语族和藏缅语族人，是最后一个从我国进入缅甸的群体。[①] 研究表明，百越族系各民族进入缅甸大约是在公元之初或者在公元 1 世纪时。掸或者越裳就是他们建立的国家。

　　综上所述，生活在缅甸的三大民族支系分别源自我国古代的百濮、氐羌和百越族群，与我国西南边疆一带，尤其是与我国云南民族的源头基本相同，说明中缅两国人民同根同源，血脉相同，有着相同的文化底蕴，这使两国文化便于交流，易于彼此吸收，为中缅文化交流提供了先天的内在条件。今天，在我国云南瑞丽中缅边界上，中国与缅甸，山水相连，村寨相依，边民跨境而居，

①　李谋、姜永仁：《缅甸文化综论》，北京大学出版社，2002 年版第 36～39 页。

形成一江两国，一坝两国，一寨两国，一街两国，一院两国的独特的地理现象。他们居家比邻，鸡犬相闻，朝夕相伴，亲如手足。在云南瑞丽，有一个傣族村寨被国境线一分为二，中国一侧称为"银井"，缅甸一侧叫作"芒秀"，村里的两国人民同赶一条街，共饮一井水，同荡一秋千，同上一学校。中国的南瓜在缅甸结果，缅甸的母鸡到中国下蛋。两国人民和谐相处，互通有无，守望相助，其乐融融。

中缅边境，一院两国。聂建冬摄

中缅边境一寨两国水井，罗增文摄　　　　　　　中缅两国姑娘同挑一井水，王楠摄

三、一脉相承的民族语言

　　语言是文化交流的工具，没有语言的沟通，文化交流就无法进行，也就不可能完成。因此，语言在文化交流中起着十分重要的中介作用。前仰光大学历史系教授卢斯认为，现在生活在缅甸境内的缅族是从中国的黄土高原向南迁徙进入缅甸形成的。学者们认为，从中国高原南迁的部落就是氐羌部落。古羌族早在新石器时代就开始向南迁徙，至汉代分化为河湟羌、牦牛羌、白马羌和参狼羌等。牦牛羌自称"白狼羌"。8世纪继续南下，9世纪抵达缅甸中部的叫栖地区，在同其他民族的融合中逐渐形成缅甸的主体民族——缅族。

　　缅甸语与汉语是有血缘关系的两种语言。《白狼歌》是《后汉书》中记载的一篇诗歌，由汉字和白狼语汉字注音写成。全文仅 44 句，176 个字。由于有 23 个汉语借词和重复使用的字，全文实际只有 114 个字。学者们认为，《白狼歌》中的白狼语就是上古缅甸语。在现代，中缅两国人民使用的官方语言同属汉藏语系语言大家庭成员，汉语属于汉藏语系汉语族，缅甸语属于汉藏语系藏缅语族缅语支。现代汉语与现代缅语，语言相近，特点相似，有利于文化交流。汉语和缅甸语都属于孤立语，语素以单音节为主，一个字，一个音节，一种意思。汉语和缅甸语都有大量的量词，都有万能量词"个"。量词一般都放在数词后面，表示事物的单位。汉语和缅甸语中的动词和形容词都没有变格，无论在哪种状态下，都没有形态变化。汉语和缅甸语都是以名词和数量词为中心语的修饰结构，中心语一般放在后面。中缅两国在漫长的历史交往中，利用汉语和缅甸语进行交流，互相借鉴，互相吸收，极大地丰富了汉语和缅甸语的词汇。

明朝初期，在昆明设"缅字馆"，明永乐五年（1407），明朝在首都建立了"四夷馆"。它的任务是培养中缅交往中语言和文字翻译人员。[1] 四夷馆中有关于翻译的专门课本，称为《华夷译语》，实际上这是我国最早的缅华词典。清朝初期，将四夷馆改名为四译馆，仍沿袭明制，隶居翰林院。[2] 清乾隆十三年（1748），又将四译馆并归礼部会同馆，称会同四译馆。又将暹罗、缅甸、

---

[1] 余定邦：《中缅关系史》，光明日报出版社，2000 年版第 51 页。
[2] 许云樵：《华夷译语传本考》，载《南洋学报》，1954 年第 10 卷第 2 辑，转引自周一良《中外文化交流史》，河南人民出版社，1987 年版。

《华夷译语》之缅甸馆通用门里的一页，北京大学图书馆藏

百夷、八百馆，以及苏禄和南掌，并为百夷馆。[①]四译馆和百夷馆的建立极大地促进了中缅两国之间的商贸往来和文化交流，同时也推动了汉语和缅甸语的相互学习交流与借鉴。

在缅甸语中汉语外来语比较多，多数都是从福建话、广东话和云南话变来的。比如缅甸语中的 paut si 就是汉语中的包子，kwa si 就是汉语中的瓜子，tohu 就是汉语中的豆腐，lan khya 就是汉语中的人力车，than ban 就是汉语中的舢板，law pan 就是汉语中的老板，tu hsain 就是汉语中的韭菜，kyan ma hsain 就是汉语中的青菜，toya 就是汉语中的豆芽菜，kya nyo 就是汉语中的酱油，myi shei 就是汉语中的米线，htawlagyi 就是汉语中的拖拉机，kon baun gyi kyaw 就是汉语中的宫保鸡丁等。在汉语普通话中，目前我们还没有发现缅甸语外来语，但是在腾冲方言中，我们看到了不少缅甸语的借词。比如腾冲方言中的"草标"，意思为肥皂，就是缅甸语的 hsat pya（肥皂）。"嘎匹伞"，意思为衬衫，就是缅甸语的 a-twin gan（内衣）。"笼基"，意思为筒

① 《大清会典事例》卷五一四，引自余定邦、黄重言《中国古籍中有关缅甸资料汇编》中册，中华书局，2002 年版第 748 ～ 749 页。

裙，就是缅甸语的 lon gyi（筒裙）。"格拉"，意思为印缅混血人，就是缅甸语的 k-la（印度人）。"木夺嘎"，意思为摩托车，就是缅甸语的 mawtawka（汽车）。"胞波"，意思为同胞，就是缅甸语中的 pautpaw（同胞兄弟）。"瑞苗"，意思为亲戚，就是缅甸语中的 shwei myo（亲戚）。"慈鸦"，意思为老板、您老，就是缅甸语中的 hs-ya（先生、师傅、老师）。"得由"，意思为中国人，就是缅甸语中的 t-yout（中国人）。"帕拿"，意思为拖鞋，就是缅甸语中的 ph-nat（鞋子）。"特们"（意思为筒裙）就是缅甸语中的 ht-mein（女筒裙）等。综上所述，汉语与缅甸语同属汉藏语系，是一脉相承的亲属语言，具有共同的语言特点，语言上的互相借鉴促进了中缅两国在文化上的相互交流。

四、旅缅华侨与文化交流

文化是要交流的，文化交流是双向的，互相的。最早的文化交流是靠贸易、战争和移民来进行的。在中缅文化交流过程中，我国旅缅华侨华人功不可没，起到了非常重要的纽带作用。

蜀身毒道、南方丝绸之路和海上丝绸之路的开通极大地促进了中缅两国间人员的交流和贸易的发展，同时也推动了中国人侨居缅甸的进程。早在东汉明帝永平十二年（69），永昌郡的设立标志着蜀身毒道全线贯通，从此，中国与缅甸和印度的贸易日益增多。尤其是南方丝绸之路开通以后，中缅印三国的人员交往进一步扩大。在蜀身毒道和南海丝绸之路上，商旅往来，不绝于道，贸易不断扩大，人员往来日益增多，中缅两国人民共同开辟了历史上有名的中缅两国贸易的"金银大道"。正如明代《明孝宗实录》载弘治十三年（公元 1500 年）云南巡抚朝宣在给朝廷的奏文中说的那样："臣闻蛮莫等处乃水陆会通之守，夷方器用，咸自此去，货利之盛，非它地比。"为了贸易上的方便，一些商人便滞留缅甸，最后定居缅甸，融入缅甸社会，成为早期我国旅缅华侨。清代，"18 世纪末，19 世纪初，许多滇籍商人旅缅做生意。天长日久，在缅北重镇巴莫、孟拱等地形成了华侨居住的街区，缅甸人称之为'德由谬'"，意为中国城。

沿着蜀身毒道和南海丝绸之路，我国云南、江西、四川的一些贫苦农民，或因为气候恶劣、自然灾害被迫离开故土远走他乡进入缅甸境内；或因为国内战争为躲避杀戮逃入缅甸定居；或因为失业进入缅甸寻找工作挣钱养家糊口。这些人进入缅甸以后，滞留缅甸，逐渐定居缅甸，成为我国旅缅华侨。

在中缅友好的历史上，发生战争的次数很少，绝大部分时间是友好的、和睦的，互通有无和守望相助的，树立了国与国之间友好相处的典范。但是，清朝时期，我国与缅甸发生了两件大事，一件是永历帝逃入缅甸避难，一件是清缅战争。17 世纪中叶，清兵入京，明朝灭亡，永历帝（南明桂王朱由榔）及其随从 1500 余人逃入缅甸避难。其间，南明将领李定国和白文选曾经率领数万大军先后 3 次前往缅甸"救驾"，"杀缅兵四五万人""缅人大恐"。但救驾终没有成功。1662 年，永历帝被吴三桂押回云南勒死。跟随永历帝入缅的大部分随从以及入缅救驾的李定国的遗部官兵流落在缅北一带，形成"敏家"和"桂家"派系，或从事农业生产，或从事边境贸易，或从事银矿开采。缅甸北部著名的波隆银矿和茂隆银矿都是中国人开采的矿山，矿工都来自中国，包括有大西军的遗部和永历帝的随从，以及来自云南、江西、四川和湖南等地的贫苦农民，这些人后来都定居缅甸。据郑祥鹏编《黄绰卿诗文选》中说，"据清史稿载，入缅的川滇贵州兵共三万一千人，返国仅存一万三千人，可知羁留缅境，为数当在不少，他们纳妇繁衍，与华侨移殖问题极有关系"。公元 1765 至 1769 年间，爆发了"清缅战争"。战争结束以后，很多士兵流落在缅甸。据统计，仅在缅甸首都阿瓦的中国战俘就有 2500 人。[①] 这些人也都定居缅甸，成为旅缅华侨。

西汉时期，由于造船业的发展，我国开通了通往缅甸的南海丝绸之路。许多闽粤商人、农民、失业者乘坐红头船或者青头船前往缅甸谋生，定居在仰光以及缅甸南部各地。闽籍侨民，一般开杂货店，粤籍侨民多为建筑工人和手工匠人。缅甸人"器用陶瓦铜铁，尤善漆画金，其工匠皆广人。"史料记载，当时缅甸最好的木工是中国人，最好的裁缝是中国人，最好的泥瓦匠也是中国人。他们大都是从广东和福建移民到缅甸的侨民，最后定居缅甸，成为旅缅华侨。

明清时期，我国旅缅华侨社会已经基本形成，他们在仰光以及缅甸全国各地建设了唐人街、中国城、观音庙、观音山、观音亭、武侯祠等。明代朱孟震著《西南夷风土记》中写道："江头城外有大名街，闽、广、江、蜀居货游艺者数万。"据法国人梅尔基

---

① 戈·埃·哈威：《缅甸史》，商务印书馆，1957 年版第 298 页。

奥尔·拉比尤姆的估计，18 世纪末，在缅甸的华侨已经不下 6 万人。[1] 据统计，1891 年，我国旅缅华侨已经达到 3.7 万人，1911年 12.2 万人，1936 年 22.5 万人，1953 年 35 万人。[2] 一般来说，定居在缅甸南部的华侨大多来自我国福建、广东，多从海上丝绸之路入缅。定居在缅甸北部曼德勒以北的华侨主要来自我国云南，多经腾冲的蜀身毒道入缅。在下缅甸的华侨主要从事商业贸易活动。在上缅甸的华侨主要从事宝石矿和银矿的开采以及贸易。18世纪末，19 世纪初，在缅北重镇巴莫、孟拱等地形成了华侨居住的街区。[3] 中缅文化的互相交流在旅缅华侨身上得到了充分体现。

仰光唐人街

---

① 《1790 年的缅甸情况——法国人梅尔基奥尔·拉比尤姆的报告》，载《缅甸学会学报》第 19 卷第 3 分册，仰光，1930 年版。转引自贺圣达《缅甸史》，人民出版社，1990 年版第 215 页。
② 郑祥鹏：《黄绰清诗文选》，中国华侨出版社，1990 年版第 290 页。
③ 王介南、王全珍：《中缅友好两千年 纪念周恩来总理到德宏四十周年》，德宏民族出版社，1996 年版第 81 页。

我国旅缅华侨定居缅甸，首先把中国文化和习俗带入缅甸，从饮食到穿戴，从室内摆设到户外运动，从生活习惯到节日庆典，从宗教信仰到祭祀仪式，都传入缅甸，与缅甸文化习俗碰撞与融合，在相互碰撞与交融中逐渐互相吸收。

中国人与缅甸人的通婚是中缅文化相互融合的关键节点，在早期中缅文化交流与融合中起了积极的推动作用。起初，我国旅缅华侨中没有女性，只有男性。他们不与缅人通婚，不娶缅妇为妻。"多数华侨返唐山结婚，才又单独返缅。华侨又多从马来西亚娶华裔'娘惹'来仰光。"18 世纪中叶，为了贸易上的方便，华侨开始娶缅族妇女或者孟族妇女为妻。据《黄绰卿诗文选》中说，"到了同治光绪年间以后，凡发迹的华侨富户几乎全系娶缅妇的家庭。"另据缅史记载，1769 年（清乾隆三十四年），"中国战俘二千五百名，仍羁留缅京，或事种植，或事工艺，娶缅妇为妻。"[1]1863 年，缅甸仰光广东观音古庙重建石碑上刻有 51 人的捐款人名单，其中就有 30 多人为"番民夫人"，即系缅甸妇女妻子。这至少可以说明两个问题：其一，当时已有不少华侨与缅甸人通婚；其二，嫁给华侨的缅妇已经跟随华侨信仰观音。[2] 黄绰卿在《黄绰卿诗文选》记载，"有些华侨的妻妾都是番氏；有些人的妻是番氏，妾是华妇；有些人的妻是华妇，妾则番氏。"缅甸人也娶华侨之女为妻，甚至缅甸政府的要员也娶华侨女子。

华侨与缅甸人通婚，促进了中缅文化的交流与相互融合。首先，

---

①　郑祥鹏：《黄绰清诗文选》，中国华侨出版社，1990 年版第 110 页。
②　郑祥鹏：《黄绰清诗文选》，中国华侨出版社，1990 年版第 111 页。

从生活习惯上互相熏陶。华侨与缅甸人通婚加入缅籍后，从居室陈设、穿戴打扮、饮食起居，生活习惯，崇拜与禁忌等方面，慢慢地互相了解，互相熏陶，耳濡目染，彼此接受，相互吸收，使得中国文化习俗和缅甸文化习俗互相碰撞和融合，加快了中缅文化交流的步伐。缅甸因天气热，每天必须用凉水洗澡。起初，华侨不习惯用凉水冲澡，后来也习惯了，华侨称之为"冲凉"或"冲俗"。缅甸多雨，气候潮湿，缅人喜吃辣椒。久而久之，不吃辣椒的旅缅广东、福建等地的华侨也跟着缅甸人吃辣椒、姜、葱、大蒜、咖喱等。白古"虽无瘴，而热尤甚。华人初至，亦多病，久而与之相习。"慢慢地，我旅缅华侨习惯了缅甸的气候，适应了在缅甸的生活。嫁给华侨的缅甸女子也跟着华侨丈夫一起吃馄饨、饺了、粽子、油条、米粉、酱油等食品。在室内摆设上，也同中国一样。正如郑祥鹏编《黄绰卿诗文选》中所说："他们的家庭陈设全部是唐山的风格，中堂供奉祖先神龛，摆设香案，门前悬挂灯笼绣彩额，内设绣金桌围门帷，家具以酸枝椅桌茶几最为讲究，以瓷器和茶具（茶巢）作摆设，新年过节依照中国的风俗习惯。"

缅甸妻子，按照中国习惯布置房间摆设，按照中国习惯生活，按照中国习惯过春节，按照中国习惯拜观音；华侨也接受缅甸文化，按照缅甸人的习惯饮食起居，参加缅甸人的佛事活动。我国旅缅华侨与缅甸人通婚，促使中国文化和缅甸文化在潜移默化中深度交流与融合。

其次，我国旅缅华侨同缅甸人一道，参加生产劳动，参加社会活动，把中国人的生产技术和劳动技巧传入缅甸，同时在共同改造自然、改造社会的劳动中，加强了相互了解，更加心心相通，促进了缅甸经济的发展和社会的进步。

旅缅华侨先后在缅甸建有大小中国庙宇 30 多座，有侨僧 100 余人。最早建的中国庙在缅北一带。有阿瓦观音寺、巴莫关帝庙、孟拱关帝庙、腊戌观音寺、眉苗天然宫、东枝中华寺等。而后，又在下缅甸仰光建有观音古庙、十方观音寺、观音山、武帝庙等。初期，只有旅缅华侨到上述中国庙宇拜佛烧香，后来，华人与缅人通婚后缅甸妇女也随丈夫到中国庙宇拜佛烧香，占卦问卜，甚至缅甸政府盖大楼，有时也要向中国高僧询问良辰吉日，并请中国和尚做道场，驱除邪气。有的华侨同缅甸妇女结婚后，改信小乘佛教，跟着缅甸妇女到缅甸大金塔等缅甸寺庙拜佛祈祷施舍，在家里供奉释迦牟尼佛像，每日烧香供食，为彼此思想沟通奠定了基础。

在穿着打扮上，华侨同缅甸人通婚以后也发生了不少变化。直到现在，缅甸人还称旅缅广东人为"短袖华人"，称旅缅福建人为"长袖华人"，这说明旅缅华侨初到缅甸时穿的中国服装的特点。那时，老华侨们喜欢穿一身白布唐衫裤（中国式衣衫和裤子），不穿缅式纱笼。但是自第二次世界大战起，旅缅华侨同缅甸人并肩反抗帝国主义，发扬团结精神，和缅甸人一起穿起了纱笼，华侨妇女也穿缅甸妇女衣装。

随着华人与缅人的结合，中华文化和缅甸文化朝夕碰撞融合，潜移默化，耳濡目染，互相熏陶，久而久之，华人与缅人不仅互相接受了对方的文化，而且尊重甚至遵循对方的信仰和文化习俗，这无疑促进了中国文化与缅甸文化的交流与融合。旅缅华侨为中缅文化交流做出了杰出的贡献，在中缅文化交流中发挥了至关重要的桥梁作用。

第四章
中缅文化交流

一、战国秦汉时期中缅文化交流

我国战国秦汉时期，缅甸正处在小国林立时期。该时期，中缅两国的文化交流主要通过三条道路进行。一条是蜀身毒道，一条是中缅海上航道，一条是中缅内河航线。

（一）蜀身毒道与战国秦汉时期文化交流

蜀身毒道，也就是中缅两国人民常说的陆上"金银大道"，后来称为"南方陆上丝绸之路"或"西南丝绸之路"。此道形成于公元前4—5世纪的我国战国时期。该时期，自然条件恶劣，道路崎岖难行，我国川滇商人硬是用双脚走出了这条从四川经云南入缅甸抵达印度的道路。这条公元前开通的滇缅印交通线，不仅促进了中缅印之间贸易，同时也促进了中缅印的文化交流，而且在第二次世界大战中还起过十分重要的战略作用。据印度《政事论》和《摩奴法典》记载，早在公元前4世纪，四川的丝和丝绸已经由这条古道运到缅甸、印度出售，并转销到西亚和欧洲。据司马迁在《史记·西南夷列传》《史记·大宛列传》中记载："及元狩元年，博望侯张骞使大夏来，言居大夏时见蜀布、邛竹杖，使问所从何来，曰'从东南身毒国，可数千里，得蜀贾人市'。"可见，当时在身毒国已经有了四川商人开设的集市。[①] 蜀身毒道的起点是战国时蜀国的首都成都，四川是当时我国养蚕业最早和最发达的地区之一。古代巴蜀人创造的蜀锦，在汉代生产达到了空前的盛况。当时的首府成都变成了织锦业的中心，蜀国还专门为此设置了锦官。三国时，丝织品成为蜀国的主要财源，其锦缎"独称妙"。[②] 从战国至两汉，四川丝绸畅销全国，同时通过蜀身毒道运到缅甸和印度，并从印度转销到阿富汗和欧洲等地。正如戈·埃·哈威先生在其所著的《缅甸史》中记载的那样，公元前 2 世纪以来，中国以缅甸为商业通道，"循伊洛瓦底江为一道，循萨尔温江为一道，尚有一道乃循弥诺江（今亲敦江），经曼尼坡（Mannipur）乘马须三月乃至阿富汗，商人在其地以中国丝绸等名产，换取缅甸的宝石、翡翠、木棉，印度的犀角、象牙和欧洲的黄金等珍品。"[③]《后汉书·哀牢传》中记载，滇西哀牢地区出"铜铁铅锡金银光珠琥珀水晶琉璃轲虫蚌珠"。其中光珠、琥珀、翡翠、琉璃、轲虫（即海贝）、蚌珠不是哀牢特产，而是缅甸和印度的特产，是通过蜀

---

① 《史记·西南夷列传》，引自余定邦、黄重言：《中国古籍中有关缅甸资料汇编》上册，中华书局，2002 年版第 1 页。

② 路义旭：《论西南丝绸之路的研究状况》，载《西南民族大学学报》2003 年第 11 期，第 222 页。

③ 戈·埃·哈威：《缅甸史》，商务印书馆，1957 年版第 51 页。

云南晋宁石寨山滇王墓出土的贮贝器，现藏于云南省博物馆

身毒道从缅甸和印度传入我国的。云南晋宁石寨山滇王墓和李家山等汉代墓葬出土的琉璃、玛瑙、玉石和海贝（古代钱币）等文物，可以肯定地说也是通过蜀身毒道贩运来的，这些都是当时中缅文化交流之佐证。除了丝绸以外，当时四川通过蜀身毒道运往缅甸和印度的货物还有食盐。在从四川通往缅甸的灵关道和五尺道上，临邛、青蛉、安南、连然、定远、广通等地均为产盐地，食盐是当时四川人通过蜀身毒道运往缅甸和印度的又一大宗商品。

（二）南海丝绸之路与战国秦汉时期文化交流

南海道是我国从海上经缅甸与印度等西南各国交往的另一条通道，被称为"中国南海丝绸之路"。公元前 221 年秦始皇统一中国以后，造船业和航海业发展很快，尾舵的出现更进一步促进了造船业的发展，秦人开始远航日本。汉朝建立以后，出现了横隔舱，增加了抗风能力，风帆的使用又为远航提供了可靠的动力，西汉使者终于乘船驶离祖国大陆，并在东南亚各族商船的协助下，抵达东南亚和印度半岛南端，开通了我国至缅甸的南海丝绸之路。我国《汉书·地理志》载有由海道通往缅甸，再经过缅甸驶往印度以及南海各国的海上航线："自日南障塞、徐闻、合浦船行可五月，有都元国；又船行可四月，有邑卢没国；又船行二十余日，有谌离国；步行可十余日，有夫甘都卢国。自夫甘都卢国船行可二月余，有黄支国，民俗略与珠崖相类。……自黄支船行可八月，到皮宗；船行可二月，到日南、象林界云。黄支之南，有己程不国，汉之译使自此还矣。"[1] 中外学者认为，汉书中所提到的邑卢没国、谌离国和夫甘都卢国都位于今缅甸境内，都是古代下缅甸南部沿海一带的小国。由此可见，早期南海航线是沿着海岸而行，缅甸南部沿海一带就成为南海航线通往印度的必经之路。陈炎教授认为，至迟在公元前 2 世纪，我国的丝绸已经通过这条海上航线，首先运到缅甸，然后再从缅甸运到印度或其他国家，换回明珠、璧流离和各种奇石异物。这条途经南海传播丝绸的海路，后来被称为"南海丝绸之路"。[2]

---

① 《汉书·地理志》，引自余定邦、黄重言：《中国古籍中有关缅甸资料汇编》上册，中华书局，2002 年版第 3～4 页。
② 陈炎：《南海丝绸之路初探》，载《东方研究》1982 年第 4 期。

（三）中缅内河航线与战国秦汉时期的文化交流

第三条是中缅内河航线。据鱼豢在《魏略》中说："大秦道即从海北陆通，又循海而南，与交趾七郡外夷比，又有水道通益州、永昌，故永昌出异物。前世但论有水道，不知有陆道，今其略如此。"[①]"有水道通益州、永昌。"就是说当时下缅甸的古国通过内陆水道伊洛瓦底江、瑞丽江、太平江到达我国云南永昌。反过来可达下缅甸。

（四）战国秦汉时期中缅文化往来

战国秦汉时期，我国通过上述蜀身毒道、海上航道和中缅内河航线 3 条路线与缅甸、印度，以及通过印度与西亚、北非及欧洲进行商贸和文化往来。尤其是公元 69 年，汉朝在保山设置永昌郡，在盈江设立哀牢县，开通博南道以后，中缅两国的商贸往来和文化交流有了更大的发展。据《后汉书·南蛮西南夷列传》《和帝记》《顺帝记》和《哀牢记》等文献记载：公元 94 年，"敦忍乙王莫延慕义遣使译献犀牛大象"；公元 97 年，"徼外蛮及掸国王雍由调遣重译奉国珍宝"，来到当时东汉王朝首都洛阳朝贡，汉和帝"赐郡徼外金印紫绶，小君长皆加引绶钱帛"，掸国王雍由调被封为"汉大都尉"；公元 107 年，"徼外僬侥仲夷陆类等三千余口，举种内附，献象牙、水牛、封牛（双峰黄牛）"；公元 120 年，"掸

① 裴松之注《魏志》中引鱼豢：《魏略·西戎传》，见《三国志》卷三〇，中华书局，第 861 页。

国王雍由调复遣使者诣阙朝贺，献乐及幻人（杂技演员），能变化吐火，自支解，易牛马头，又善跳丸，数乃至千。自言我海西人，海西即大秦也。掸国西南通大秦。明年元会，安帝作乐于庭，封雍由调为汉大都尉，赐印绶、金银、彩缯（丝织品）各有差也"。[1] 公元131年，"掸国遣使贡献"，汉顺帝赐"金印紫绶"。公元232年，顺帝永建六年十二月，"日南徼外叶调国、掸国遣使贡献"。根据中外学者们的考证，有的学者认为"敦忍乙"是下缅甸的得楞族（孟族）。有的学者认为"敦忍乙"是"都卢"的对音，就是"夫甘都卢"，是缅甸的一个部落。不管怎么说，"敦忍乙"是缅甸境内的民族无疑。而僬侥部族，我国《史记》《列子》中都有记载，说他们身高不过三尺。[2] 据此，学者们认为僬侥部落就是缅甸的原住民尼格利陀小黑人。

掸国是现在缅甸北部的掸族人建立的古代掸族小国。在战国秦汉时期，缅甸掸国先

《后汉书》中记载的掸国贡使首次出访东汉的文字

---

① 范晔：《后汉书·南蛮西南夷列传》，引自余定邦、黄重言：《中国古籍中有关缅甸资料汇编》上册，中华书局，2002年版第6页。
② 周一良：《中外文化交流史》，河南人民出版社，1987年版第7页。

后 3 次来我国通好，并且带来了乐及幻人、表演歌舞和杂技，有力地促进了中缅两国的文化交流。同时伴随着两国在文化上的交流，两国政治上也发生了关系，汉朝封掸国国王为"汉大都尉"，赐"金印紫绶"，不仅是我国第一次授予缅甸首领的汉朝官职，同时也是中缅两国最早建立的邦交关系的体现。

（五）战国秦汉时期我国记载缅甸的文献

战国秦汉时期，我国记载和介绍关于缅甸情况的古籍有《史记》《汉书》《后汉书》《水经注》《华阳国志》《洛阳珈蓝记》《梁书》《隋书》等。《史记》记载了元狩元年博望侯张骞出使大夏见到从东南身毒国买来的蜀布和邛竹杖情况；《汉书》记录了船舶自西汉日南出发，经缅甸南部的夫甘都卢国，至印度黄支国进行贸易的情况。《后汉书》记录了永宁元年，西南夷掸国王不远万里前来献乐演出的情况。

二、魏晋南北朝时期中缅文化交流

魏晋南北朝时期，又称三国两晋南北朝，是中国历史上政权更迭最频繁时期，主要分为三国（曹魏、楚汉、东吴）、西晋、东晋和南北朝时期。长期的封建割据和连年不断的战争，使这一时期中国文化的发展受到影响。该时期出现了玄学兴起、佛教输入、道教勃兴的局面。

（一）诸葛亮南征与中缅文化交流

公元 225 年 3 月，为了平定南中地区地方势力的叛乱，三国蜀汉政治家、军事家诸葛亮亲率蜀军主力部队从成都出发向南中进军，先后斩杀高定、朱褒，七擒七纵孟获，取得了平定南中的胜利。在诸葛武侯南征的过程中，以及战争结束以后的管理过程中，把汉族先进的农具、农耕技术、种桑技术、农作经验，以及先进的文化带到了中缅边境，由中缅边境传入了缅甸，不仅促进和改善了我国西南边境地区的农业生产，改善了边境地区人民的生活，同时也促进和改善了缅甸人民的农业生产和生活，为中缅两国的文化交流做出了积极的贡献。诸葛亮的南征极大地影响了南中一带的文化发展，许多地方都留有诸葛武侯的遗迹，"孔明老爹"的称呼几乎家喻户晓，人们把"孔明老爹"视为神明加以供奉和膜拜。云南保山至今留有大小 3 个诸葛堰和诸葛营的遗迹。云南佤族人称他们种的水稻种是"孔明老爹"给的，他们的祖先盖房子、编竹箩，是"孔明老爹"教的。傣族人说，他们的佛寺和居家房屋的屋顶是仿造诸葛亮帽子建造的，甚至就连傣族的泼水节泼水的习俗也是因为"孔明老爹"说水可以冲走疾病而养成的。彝族的火把节也是因为诸葛亮说火可以驱逐害虫而设立的。[①]景颇族、佤族人认为是诸葛亮教会他们种谷子的，傣族人说他们盖的房子是"孔明老爹"给的图样。诸葛亮南征除了在信仰、建筑、

---

① 详见王介南、王全珍：《中缅友好两千年 纪念周恩来总理到德宏四十周年》，德宏民族出版社，1996 年版第 24 页。

手工艺、传统节日等方面对云南少数民族地区有影响外，更主要的是在农耕方面。诸葛亮把汉族的农耕技术传到南中以及中缅边境一带，从此人们"每耕田用三尺犁，格长丈余，两牛相去七八尺，一佃人前牵牛，一佃人持按犁辕，一佃人秉耒。蛮治山田（梯田）殊为精好。"[①]这种农耕技术不仅在云南南中一带被广泛使用，而且传到了缅甸北部，那里的农民也用此种方法耕作：用三尺犁，两牛中间架一格，一人在前牵牛，一人扶犁，一人在后下种。我国汉族先进的农耕技术的传入促进了缅甸的农业生产。

我国三国时期诸葛亮南征使中华文化传入缅甸，不仅促进了缅甸人民的生产和生活方式的进步，改善了缅甸人民的生活，同时也在一定程度上丰富了缅甸人的信仰，以及缅甸人民的建筑艺术和建筑风格。据我国文献记载，在缅甸关于诸葛亮的传说广为流传，人们尊敬他、崇拜他，在全国各地，尤其是在缅甸北部地区，建有诸葛祠、武侯庙、孔明城等，把诸葛亮奉若神明，每逢节日进香祈祷。赵汝适在《诸蕃志》"蒲甘城"（缅甸古都）条中说："国有诸葛武侯庙。"朱孟震在《西南夷风土记》中说："普坎（即蒲甘）城中有武侯南征碑。"谢清高在《海录》中说："备姑乡中（今缅甸勃固市）有孔明城，周围皆女墙，参伍错综，莫知其数。相传为武侯南征时所筑，入者往往迷路，不知所出云。"[②]可见，武侯南征时还将中国的建筑艺术和建筑格局传入缅甸。

---

① 《蛮书》，转引自王介南、王全珍《中缅友好两千年 纪念周恩来总理到德宏四十周年》，德宏民族出版社，1996年版第24页。
② 《海录》，引自余定邦、黄重言《中国古籍中有关缅甸资料汇编》下册，中华书局，2002年版第1080页。

赵汝适《诸蕃志》书影，文渊阁本《四库全书》版

在缅甸北部城市蒲甘等一些地区，至今仍然过燃放孔明灯节，吸引了大批中外游客驻足观看。在中缅边境缅甸一侧的木姐、南坎一带发现有 20 多口"孔明井"；在古城蒲甘还发现有诸葛鼓，甚至有华侨还说缅甸人现在穿的简裙，缅甸人叫它"布梭"，是因为缅甸人把诸葛亮说这种围裹下身的布幔"不错"听成了"P-hso:"，因而，缅甸人才称简裙为"布梭"。第二次世界大战期间，中国远征军司令长官罗卓英曾发现"缅东有甚多土人奉祀武侯"。[①]1885 年，缅甸全国沦为英国殖民地以后，英国人采取"分而治之"的政策，派传教士到山区少数民族居住区传播基督教，但是缅北钦族人说"只信孔明老爹"，不信耶稣。英国传教士只

---

① 王介南、王全珍：《中缅友好两千年 纪念周恩来总理到德宏四十周年》，德宏民族出版社，1996 年版第 25 页。

好编造谎言说：上帝有两个儿子，一个叫孔明，一个叫耶稣，孔明老了，不中用了，上帝叫耶稣代替孔明管理世上百姓。[①] 由此，我们不难看出诸葛亮南征对缅甸文化的影响，以及缅甸人民对诸葛亮的崇拜热情。

（二）魏晋南北朝时期中国大乘佛教传入缅甸

魏晋南北朝时期是我国佛教传播发展的极盛时期，我国的大乘佛教大约从南北朝时期也就是公元 4 世纪以后传入缅甸。据义净在《大唐西域求法高僧传》中说，南北朝期间，荆州江陵的昙光律师曾经云游到诃利鸡罗国（今缅甸西南若开邦一带）。该书中还记载，还有一位 50 多岁的中国僧人，携带许多经像到诃利鸡罗国，受到国王的厚待，在诃利鸡罗国住持一座寺庙，直至病故。缅甸考古学家杜生诰说：“我们不能否认，在公元 4 世纪时，佛教已由中国传入缅甸。……最早数世纪中，中国僧侣曾在太公（缅名德贡）、卑谬和蒲甘等地讲经布道，与用梵文讲授的印度僧侣分道而进。但中国的政治势力较强，因而传授较占优势且收普及的宏效。”中国大乘佛教传入缅甸以后，缅甸人从中国佛教学到了一部分真正的佛教知识。据杜生诰考证，缅甸人从中国和中国的梵文译著中借用了与佛教紧密相关的术语。杜生诰先生还在他所著的《缅语中的汉语词汇》中说，缅语中的佛教词汇“南无”“罗

---

① 王介南、王全珍：《中缅友好两千年 纪念周恩来总理到德宏四十周年》，德宏民族出版社，1996 年版第 25 页。

汉""喇嘛""佛爷""涅槃"等均源出汉语，是我国将梵文或
巴利文的佛教词汇翻译成汉语，然后再由我国传入缅甸的。另外，
在缅甸蒲甘辛尼耶佛塔出土的文物中，发现有中国式的弥勒佛和
阿弥陀佛塑像。此外，缅甸佛塔建筑中的多檐阁楼式建筑形式很
像中国的建筑风格，这些也可以从侧面证明中国佛教文化对缅甸
的影响。

（三）魏晋南北朝时期缅甸小乘佛教传入西双版纳

　　缅甸是一个地道的佛教国家，小乘佛教自从公元前 3 世纪传
入缅甸以后，从缅甸南部的直通王国到北部的蒲甘王朝，在历代
国王的支持下，得到了空前的发展，对缅甸人民的生活、对缅甸
文化都有很大的影响。不仅如此，小乘佛教还从缅甸传到我国云
南西双版纳傣族居住区，对傣族的语言文字、文学艺术、天文历法、
风俗习惯等各个领域都有较深的影响。西双版纳，全称西双版纳傣
族自治州，是云南省 8 个自治州之一，首府景洪市。地处云南省
最南端，与缅甸山水相连。"西双"是数字"12"，版纳是"坝子"，
"西双版纳"就是"12 个坝子"之意。在西双版纳，居住着傣族
和布朗族、德昂族、阿昌族、佤族兄弟姐妹，但傣族占有绝大多
数。他们信奉小乘佛教，追求广积功德，"自我解脱"，以达到"涅
槃"的目的。为此，他们日出而作，日落而息，闻鸡而起，男耕
女织，过着与世无争、安宁和谐的田园般的生活。在西双版纳，
你会看到，银光闪烁的塔寺星罗棋布于各个村寨，身着黄色袈裟

托钵化缘的僧人行走于大街小巷，高脚屋内琅琅的读书声不绝于耳，一派小乘佛教清净祥和的景象。据傣族文献记载，在公元前3世纪，佛陀在世时巡游世界到过西双版纳、德宏一带传教，从此小乘佛教传入傣族居住地区。但这种说法没有物证很难令人信服。我国佛教协会前主席赵朴初居士在义净主编的《佛教和中国文化》中说："南传上座部，在阿育王时传入斯里兰卡，并传入缅甸、泰国、柬埔寨等地区；约在公元7世纪以后又自缅甸传入中国云南省，迄今流行于傣族地区，形成中国的巴利语系佛教。"[①]西双版纳地区有很多手抄本地方志，这些手抄本地方志是研究傣族地区历史和佛教史的珍贵资料。邓殿臣教授在《南传佛教史简编》中说："经多次转抄而流传至今的一些傣文资料中，都有关于傣族地区佛教自缅甸传入的记载。"[②]西双版纳勐遮、蒙混等地的地方志记载，傣历元年（638）前后，佛教开始从缅甸传入。景洪市一座佛寺修复过程中也发现了小乘佛教在隋唐以前传入西双版纳的证据。[③]因此，郭沫若说的最晚在公元7世纪以前小乘佛教从缅甸传入西双版纳地区是可信的。资料表明，7世纪以前，小乘佛教从缅甸传入西双版纳傣族地区，7世纪初开始建造佛寺，8—9世纪佛教已经遍及西双版纳各个村寨。

---

① 净慧：《佛教与中国文化》，中国佛教协会，1990年，转引自王介南、王全珍《中缅友好两千年　纪念周恩来总理到德宏四十周年》，德宏民族出版社，1996年版第28页。
② 邓殿臣：《南传佛教史简编》，中国佛教协会，1991年第185～186页。
③ 程天良：《西南丝路一瞥》，《文汇报》，1992年10月21日，转引自王介南、王全珍《中缅友好两千年　纪念周恩来总理到德宏四十周年》，德宏民族出版社，1996年版第28页。

　　小乘佛教自公元 7 世纪前后传入缅甸以后，由于其主张和平、反对战争和杀戮的思想适合傣族新兴封建领主的需要，很快受到当地统治阶级的支持。在他们的支持、庇护和推广下，小乘佛教与当地信仰的原始宗教结合在一起，很快在西双版纳地区发展壮大，成为西双版纳傣族和其他民族主要信奉的宗教。在小乘佛教的影响下，西双版纳第一代召片领叭真王获得"至尊佛主"称号，开创了当地政教合一的先例。政权和宗教结合，巩固了西双版纳傣族农村以村寨为单位的自然经济基础，使得傣族封建领主制度更加稳定，社会快速发展。在小乘佛教的影响下，西双版纳地区的语言文字、文学艺术、伦理道德、思想观念、佛教建筑、天文历法、社会习俗、传统节日等都发生了很大的变化，在文化的每一个领域，从思想领域到社会现象，处处都显露着小乘佛教的影响，几乎与缅甸一模一样。我国西双版纳地区傣族的文化明显受到缅甸文化的影响。

　　在我国云南省，除了西双版纳外，在 2000 多公里的中缅边境线上，还有 5 个边境州市有南传佛教信仰。居住在边境地区的中缅两国人民，彼此之间佛教交流频繁。缅甸僧人到我国边境弘法，我国边境少数民族到缅甸求法。在漫长的交往中，南传佛教在滇西边境地区扎下了根。我国边境各州，深受缅甸南传佛教的影响。德宏的傣族、阿昌族、德昂族语言中与佛教相关的词汇很多都是从缅甸语借来的，如佛寺称"奘"、僧人称"崩基"、节庆活动称"摆"等，都是缅甸语词汇的译音。

（四）魏晋南北朝时期缅甸是中印佛教交流的中转站

　　缅甸是虔诚的佛教国家，且地处中印两大佛教国家之间，在传播佛教文化上，起着十分重要的桥梁作用。义净在《大唐西域求法高僧传》卷上中说，印度笈多王朝（320—590）时期，中国僧侣20多人曾经从蜀川出发，经缅甸到印度，朝礼摩诃菩提圣迹。国王室利笈多见而敬之，特予建造一座"支那寺"，供他们居住，并划给20个村庄，以充供养。南北朝时期，冀州僧慧睿曾从四川经缅甸抵达南天竺。在南天竺，他虚心学习，对于当地的音译古训、殊方异义，大都通晓。缅甸在传播佛教文化的过程中的中转站的作用可见一斑。

蒲甘出土的骠国音乐演奏者和跳舞者铜像

（五）魏晋南北朝时期我国记载缅甸的文献

魏晋南北朝时期，我国学者编著的著作有《南州异物志》《扶南土俗》《扶南记》《梁书》《扶南传》《西南异物志》《南州八郡志》等，这些书籍均对缅甸有所介绍，使中国人对缅甸在地理上的认识发生了变化。

魏晋南北朝时期，我国学者对缅甸南部的林阳和顿逊两个小古国有过记载，我国人民对林阳国开始有了认识。三国吴人万震在《南州异物志》中写道："林阳在扶南西七千余里，地皆平博，民十余万家，男女皆仁慈，皆侍佛。"

姚思廉在《梁书》中写道："顿逊国在扶南的南界三千余里，在海崎上，地方千里，城去海十里。有五王，并羁属扶南。顿逊之东界通交州，其西界接天竺、安息徼外诸国，往还交市。所以然者，顿逊回入海中千余里，涨海无涯岸，船舶未曾得径过也。其市，东西交会，日有万余人。珍物宝货无所不有。又有酒树，似安石榴，采其花汁停瓮中，数日成酒。"

魏晋南北朝时期，我国学者对缅甸的古骠国开始有了介绍，缅甸古骠国的情况第一次进入我国人民的视野。在《西南异方志》和《南中八郡志》中都提到"传闻永昌西南三千里有骠国，君臣、父子、长幼有序。"《南中八郡志》又说："永昌西南三千里有剽国，金为刀载。"郭义恭所著《广志》中记载："鸡舌出南海中及剽国，蔓生，实熟贯之。""艾纳出剽国""梧桐有白者，剽国有白梧桐，其叶有白毳，取其毳淹渍缉织以白布。"

据常璩的《华阳国志》记载，永昌不但有包括骠国的货物，还有骠人和印度人在那里经商。这可以说明当时中缅两国的贸易情况，永昌已经成为我国在魏晋南北朝时期重要的中缅贸易和中缅文化交流的城市。

三、唐朝中缅文化交流

唐朝（618—907），是继隋朝之后的大一统中原王朝，共历21帝，享国289年。隋末天下群雄并起，617年，唐国公李渊于晋阳起兵，次年称帝，建立唐朝，定都长安。唐太宗继位后，开创贞观之治，为盛唐奠定基础。唐朝时万国来朝，疆域空前辽阔，接纳各国交流学习，经济、社会、文化、艺术呈现出多元化、开放性等特点，诗、书、画、乐等方面涌现出大量名家，如诗仙李白、诗圣杜甫、诗魔白居易、书法家颜真卿、画圣吴道子、音乐家李龟年等。唐朝声誉远播，与亚欧国家均有往来。唐朝以后，海外多称中国人为"唐人"。唐朝是当时世界上最强盛的国家之一。

（一）唐朝中缅文化交流的陆海交通要道

唐代，中缅之间的交往日益频繁，陆上和海上交通日趋完善。《新唐书·地理志》附载我国著名地理学家贾耽写的《安南通天竺道路》和《蛮书》中记载，当时，中缅间陆路有三条，海路也发展成为两条。

三条陆路有：

（1）由羊苴咩城（今大理）西至永昌故郡三百里，又西渡怒江，至诸葛亮城（今龙陵），南至乐城二百里，又入骠国境，经万公等八部落，至悉利（今锡箔）七百里，又经突旻城至骠国千里。

（2）自诸葛亮城（今龙陵）向西经弥城（今盈江盏西）百里，又西至丽水城（今打洛）西渡丽水（今伊洛瓦底江）、龙泉水（今孟拱河），再西渡弥诺江（今钦敦江）过户拱河谷千里，至大秦婆罗门国（今阿萨密）。

（3）从龙尾城（今下关）南行十日程，至银生城（今景东），越澜沧江，经大银孔（今景栋），沿萨尔温江东岸南下至昆仑国（今毛淡棉一带）。

唐朝由于造船技术和航海技术的发展，中国的船舶已经能够远航至中国东南沿海与下缅甸之间。当时有两条海路，一条是旧航道，一条是新航道。旧航道是经马六甲海峡到达下缅甸，新航道是从克拉地峡东岸上岸，穿过地峡，再从西岸上船起航，抵达下缅甸。旧航道航程长，风险大；新航道航程短，且比较安全。

唐代，除了上述三条中缅陆路通道和新旧两条海路通道外，滇缅古道在中缅两国商贸和文化交流中起到越来越大的作用，"于西南之交通史上，数百年间，更形成空前之极盛时代"。[①]

---

① 夏光南：《南诏对中印缅之关系》，载《中印缅道交通史》，转引自王介南、王全珍《中缅友好两千年 纪念周恩来总理到德宏四十周年》，德宏民族出版社，1996年版第37～38页。

骠国乐舞使团赴长安访问演出走的是这条道，骠国的朝贡使节走的也是这条道，骠国和南诏贸易更是通过这条道进行的。中缅两国人民沿着这条古道和新开辟的三条商道以及两条海路，演绎着一桩桩一件件平等贸易、互通有无、文化交流和友好交往的胞波故事。

（二）缅甸骠国向唐朝献乐舞

唐朝关于中缅文化交流的一个重大事件是缅甸古骠国向唐朝献乐舞。唐德宗贞元年间（785—805），异牟寻"遣使杨加明诣剑南西川节度使韦皋请献夷中歌曲，且令骠国进乐人"。公元801年（唐贞元十七年）7月初，缅甸古骠国王子舒难陀，受父王雍羌的重托，率领有乐工35人和挑脚、马夫、卫兵等总共五六十人的歌舞团，驮载贵重礼品、乐器道具、炊锅粮秣，千里迢迢，克服重重困难，历尽千辛万苦，奔赴中国大唐首都长安。舒难陀王子一行沿着滇缅古道，以日行65里的速度，经81日，抵达南诏首都羊苴咩城（今大理）。又经71日，于12月底抵达"天府之国"锦城成都，受到大唐剑南西川节度使韦皋的欢迎与接待。骠国歌舞团在成都进行了休息整顿，而后在韦皋府邸进行了彩排，各种乐舞粉墨登场，悦耳动听的乐声回荡在府邸周围。韦皋详细记载了骠国乐舞的名称和曲谱，精心绘制了骠国乐器的形制和乐舞阵容，并报送京都长安，呈报给大唐天子德宗皇帝。骠国代表团彩排后继续前进，又经71日，总共净走214天，全部行程14000里，终于到达大唐首都长安外郭城南明德门，受到大唐京畿官民隆重而热烈的夹道欢迎。明德门，飞檐高拱，门洞大开，在激越的古乐声中，舒难陀王子率领缅甸歌舞团鱼贯而行，进入宽约 140 米、两边种植槐榆的南北向御道——朱雀大道。缅甸歌舞团成员边走边看，环顾四周，一条条南北走向的大道和东西走向的大道纵横交错，东、西大市坐落其间，商贾云集，买卖兴隆，游人如织，热闹非凡。缅甸歌舞团惊羡不已，暗自惊叹大唐国运昌盛，国风浩浩，气度恢宏。走过朱雀大道，穿过朱雀门，踏上承天门大道，终于历尽千辛万苦进入威武显赫的中国唐朝皇城。

骠国乐团在长安的精彩演出给人们留下了十分深刻的印象。公元 802 年 2 月 13 日（唐贞元十八年正月乙丑），骠国歌舞团在大明宫麟德殿正式演出，唐德宗李建皇帝亲自率领文武百官观看演出。大明宫麟德殿舞台装点一新。舞台下面，摆着精美华贵的太师椅，中间最高的一把是御椅。皇亲国戚、达官贵人、文人墨客、宾妃宫娥等陆续就座。骠国王子同两名大臣也已入座。不多时，身穿龙袍的德宗皇帝在众臣子的簇拥下进场落座。俄顷，身穿艳丽缅甸民族服装的缅甸歌舞团演员"皆齐声唱，各以两手十指，齐开齐敛，为赴节之状，一低一昂，未尝不相对，有类中国拓枝舞的优美舞姿"。骠国歌舞团"工器二十有二，其音八：金、贝、丝、竹、匏、革、牙、角"。"金二、贝一、丝七、竹二、匏二、革二、牙一、角二"。一共献骠国乐十二曲："一曰《佛印》，骠云《没驮弥》，国人及天竺歌以事王也。二曰《赞娑罗花》，骠云《咙莽第》，国人以花为衣服，能净其身也。三曰《白鸽》，骠云《答都》，美其飞止遂情也。四曰《白鹤游》，骠云《苏谩底哩》，谓翔则摩空，行则徐步也。五曰《斗羊胜》，骠云《来乃》。昔有人见二羊斗海岸，强者则见，弱者入山，时人谓之'来乃'。来乃者，盛势也。六曰《龙首独琴》，骠云《弥思弥》，此一弦而五音备，象王一德以畜万邦也。七曰《禅定》，骠云《掣览诗》，谓离俗寂静也。七曲唱舞，皆律应黄钟商。八曰《甘蔗王》，骠云《遏思略》，谓佛教民如蔗之甘，皆悦其味也。九曰《孔雀王》，骠云《桃台》，谓毛采光华也。十曰《野鹅》，谓飞止必双，徒侣必会也。十一曰《宴乐》，骠云《笼聪网摩》，谓时康宴会嘉也。十二曰《涤烦》，亦曰（笙舞），骠云《扈那》谓时涤烦瞽，以此适情也。"① 乐曲内容"皆演释氏经纶之词意"。总的来看，唐朝时期，骠国歌舞团使用的乐器有 19 种之多（计 32 件），其中有：①打击乐器——铃钹、铁板、三面鼓、小鼓；②弹奏弦乐器——大匏琴、独弦匏琴、小匏琴、首筝、凤首箜篌、龙首琵琶、云头琵琶；③吹奏乐器——螺贝、横笛、两头笛、大匏笙、牙笙、三角笙、二角笙等。② 骠国献乐演员服装艳丽，歌声响亮，舞姿优美，乐器新颖，以其独特的民族风格和魅力征服了唐朝君臣，轰动了京都长安，演出获得了巨大成功。《新唐书》卷 222 中写道："乐工皆昆仑，衣绛氎，朝霞为蔽膝，谓之祴裆。两肩加朝霞，络腋。足臂有金宝镮钏。冠金冠，左右珥珰，绦贯花鬘，珥双簪，散以毳。初奏乐，有赞

---

① 详见欧阳修、宋祁：《新唐书·礼乐志》，转引自余定邦、黄重言《中国古籍中有关缅甸资料汇编》上册，中华书局，2002 年版第 17～18 页。
② 转引自余定邦、黄重言：《中国古籍中有关缅甸资料汇编》上册，中华书局，2002 年版第 16～17 页。

者一人先导乐意，其舞容随曲。用人或二、或六、或四、或八，至十，皆珠冒，拜首稽首以终节。"唐德宗在观看缅甸骠国乐舞演出时被骠国乐舞深深吸引，不由自主地随着舞蹈击节赞叹，情不自禁地拍手叫绝。唐朝文人墨客们纷纷写诗作画称赞骠国舞乐。最有代表性的是唐朝著名诗人白居易观看骠国献乐以后写的一首《骠国乐》，高度赞扬了缅甸古骠国的歌舞。在《骠国乐》诗中，白居易首先描写了骠国乐表演的精彩场面，他写道：

> 骠国乐，骠国乐，出自大海西南角。
>
> 雍羌之子舒难陀，来献南音奉正朔。
>
> 德宗立仗御紫庭，黈纩不塞为尔听。
>
> 玉螺一吹椎髻耸，铜鼓千击文身踊。
>
> 珠缨炫转星宿摇，花鬘抖擞龙蛇动。
>
> 曲终王子启圣人，臣父愿为唐外臣。
>
> 左右欢呼何翕习，至尊德广之所及。
>
> 须臾百辟诣阁门，俯伏拜表贺至尊。
>
> 伏见骠人献新乐，请书国史传子孙。[①]

接着，白居易劝告唐德宗，在歌舞升平的时候，要关心人民的疾苦。他在诗中写道：

> 时有击壤老农父，暗测君心闲独语。
>
> 闻君政化甚圣明，欲感人心致太平。

---

① 详见白居易：《白氏长庆集》卷三，上海涵芬楼刊本。引自余定邦、黄重言《中国古籍中有关缅甸资料汇编》上册，中华书局，2002年版第26页。

感人在近不在远，太平由实非由声。

观身理国国可济，君如心兮民如体。

体生疾苦心憯凄，民得和平君恺悌。

贞元之民若未安，骠乐虽闻心不欢。

贞元之民苟无病，骠乐不来君亦圣。

骠乐骠乐徒喧喧，不如闻此刍荛言。

除了大诗人白居易以外，贞元十九年进士胡直钧在《全唐诗》卷四六四中写有《太常观骠国新乐》，诗中写道：

白居易像

异音来骠国，初被奉常人。

才可宫商办，殊惊节奏新。

转规回绣面，曲折度文身。

舒散隋鸾欢，喧呼杂鸟春。

襟衽怀旧识，丝竹变恒陈。

何事留中夏，长令表化淳。

诗人元稹在《元氏长庆集》卷二四中写有《骠国乐》，诗中写道：

元稹像

骠之乐器头象驼，音声不舍十二和。

从舞跳趫筋节硬，繁辞变乱名字讹。

千弹万唱皆咽咽，左旋右转空傞傞。

俯地呼天终不会，曲成调变当如何？

骠国献乐不仅对唐朝的歌舞和戏剧产生了一定的影响，同时也丰富了唐朝的文学和诗歌作品。它促进了中缅两国之间的文化交流，也加强了中缅两国的友好关系，在中缅友好的史册上写上了浓重的一笔。

演出结束以后，唐德宗封骠国王雍羌为检校太常卿，王子舒难陀为太仆卿，随团到访的国相那及元佐摩柯思那也授予官职。白居易还为唐德宗起草了一封给骠国国王雍羌的信。信中写道：

> "卿性弘毅勇，代济贞良，训抚师徒，镇守邦部，钦承王化，思奉朝章，得睦邻之善谋，秉事大之名义，又令爱子远副阙庭，万里纳忠，一心秉命，诚信弥著，嘉想益深。今授卿检校太常卿，并卿男舒难陀、那及元佐摩柯思那等二人亦各授官，告往至，宜领之，此所以表卿勋勤，申朕恩礼，敬受新命，永为外臣，勉弘今图，以副遐瞩。今有少信物，具如别录，想宜知悉也。冬寒，卿比平安，官吏百姓等并存问之，遣书指不多及。"

（三）唐朝南诏国与缅甸骠国发生战争

南诏国，唐时兴起于我国云南，建立于唐开元 26 年（738），与唐时顺时叛，与骠"兵强地接，常羁制之"。唐代，缅甸古骠国除了与大唐交往以外，还与南诏国关系密切，通过滇缅古道进行的文化交流和贸易往来十分频繁。

该时期，南诏与骠国发生过战争。太和六年（832），南诏军队攻陷骠国首都，"劫掠骠国，掳其众三千余人，隶配拓东（今昆明），令之自给"。骠人在云南昆明定居以后，将骠国文化带到了云南。太和九年，南诏军队攻打弥臣，"曾破其国，劫金银，掳其族三二千，配丽水淘金"。

大中十二年（858），缅甸骠国受到狮子国（今斯里兰卡）的侵犯，南诏应骠国的请求，派大将段宗榜率兵救援，打退了狮子国的军队，缴获狮子国的旗帜、金鼓和兵仗。为了表示感谢，骠国国王将佛舍利和佛像赠送给南诏。南诏与骠国的战争与南诏出兵救骠，促进了中缅两国的文化交流，加深了中缅两国的相互了解与友谊。

（四）唐朝南诏国与缅甸骠国的商贸往来

据《蛮书》卷十记载，唐时南诏与骠国的商业往来也很频繁。骠国商人通过滇缅古道到大理"以江猪、白氎及琉璃罂为贸易"，并以海贝为货币与南诏通商，从此，产于缅甸的海贝作为货币传入我国，广泛使用于南诏与骠国的商业贸易中。史籍记载，当时滇缅古道上，南诏、骠国和印度商人不绝于途，可见唐朝、南诏与骠国商业往来之频繁。另外，贝币从缅甸传入云南并被广泛应用，是南诏时期云南社会经济发展与缅甸骠国经贸密切往来的结果。它从9世纪中叶开始使用，一直延续到明末清初才结束，使用时间长达900多年，不仅促进了云南社会经济的发展，也密切了南诏与缅甸的睦邻友好关系。此外，缅甸的另一个小国弥臣国的一些物产也在交往中传到云南。据《云南记》记载，云南所产的青色大腹槟榔，每朵有数百颗，是从缅甸弥臣国传入的。

唐代，我国四川的丝绸经滇缅古道大量运入缅甸，以至于上下缅甸的骠国、弥诺、弥臣等部落国家的妇女，几乎没有人不披中国罗缎的。丝绸产品，高贵华丽，既薄如蝉翼，又柔软如棉，非常适合缅甸的气候。中国的丝绸罗缎受到缅甸人的欣赏和欢迎，穿戴来自中国的丝绸罗缎在缅甸各地风行一时。

（五）唐朝南诏国与缅甸骠国的文化交往

南诏与骠国的文化往来也十分密切。徐嘉瑞在《大理古代文化史稿》中说："骠国乐与南诏乐，关系极为密切。""南诏遇大宴时，亦演奏骠国乐。""南诏音乐，融和骠国乐之成分最大。"[①]骠国音乐、舞蹈、乐律、乐曲对南诏有较多的影响。南诏与骠国的宗教往来也十分密切。我国史籍《康熙鹤庆府志》《剑川县志稿》等都有印度和缅甸僧人到南诏传教的记载。我国云南地方志也称这些从印度和缅甸来传教的僧人为"梵僧""西僧"和"胡僧"。学术界认为，存在于我国南诏的佛教密宗就是由缅甸传入的。缅甸的佛教建筑、佛像雕塑等佛教文化艺术对南诏都有一定的影响。云南剑川石窟的宗教风格，以及南诏时期的梵文砖、梵文书咒、铜塔模型、梵文碑、梵文注释的手抄经卷等都是南诏与印度和缅

---

① 王介南、王全珍：《中缅友好两千年　纪念周恩来总理到德宏四十周年》，德宏民族出版社，1996 年版第 31 页。

甸佛教文化交流和相互影响的见证。我国史籍《唐会要》中说骠国"西有弥臣国，乐舞与骠国同；袁滋、郜士美至南诏，并见此乐（弥臣乐）"。[①] 这也证明当时南诏与缅甸古骠国以及属于古骠国的属国弥臣国的文化交流。

（六）唐朝南诏国与缅甸骠国的佛教交流

唐代，骠国和南诏国进行佛教交流。骠国的僧侣曾到南诏国大理一带传教，将骠国的贝叶经传入我国。唐代诗人李商隐为此写下了"忆奉莲花座，兼闻贝叶经"的诗句。唐代我国 20 多位高僧从蜀州出发经缅甸到印度，"向摩诃菩提礼拜"。

缅甸文化古城蒲甘位于距离曼德勒西南 129 公里的伊洛瓦底江东岸，放眼望去，满目都是佛塔，是缅甸佛塔、壁画、雕刻艺术的宝库。在蒲甘博物馆内，陈列着一块古石碑。石碑上行文由左至右，计 25 行，每行 20 字，全文约 500 字。因为年代久远，字迹难辨，仅能看出"天时""天理""盗贼""残破"等字样。我国历史学家、考古学家郭沫若先生 1961 年率领全国人大代表团赴缅甸访问时，参观了博物馆，观看了此碑，认为此块古碑"当刻于公元九世纪的五代时代"。郭沫若先生说，此方缅甸古碑"是中缅两国人民远在古老的年代就开始建立了胞波情谊的又一个见证"。

---

① 见王溥：《唐会要》卷三三，引自余定邦、黄重言《中国古籍中有关缅甸资料汇编》上册，中华书局，2002 年版第 19 页。

蒲甘塔群

（七）唐朝我国学者记载缅甸的文献

唐代，随着我国与缅甸贸易的发展以及文化交流的增多，我国学者对缅甸的记载和介绍也越来越多。唐代介绍缅甸的著作有《旧唐书·骠国传》《新唐书·骠国传》《新唐书·地理志》《蛮书》《云南记》《大唐西域记》等。史籍对缅甸都有记载和介绍，而且在我国的史籍中第一次出现了专门的骠国传，比较详细地介绍了骠国的政治、经济、法律、文化和社会习俗。

《旧唐书·骠国传》中记载："骠国，在永昌故郡南二千余里，去上都（指长安）一万四千里。其国境，东西三千里，南北三千五百里。东临真腊国，西接东天竺国，南尽溟海，北通南诏些乐城界。"《新唐书·骠国传》中记载："骠国西南同堕和罗（今泰国南部）接壤，全国有城镇九，部落二百九十八，属国十八。"

唐代史籍对于骠国首都室利差旦罗的记载也很详细："青甓为圆城，周百六十里，有十二门，四隅作浮屠，民皆居中，铅锡为瓦，荔支为材。""有百寺，琉璃为甓，错以金银，丹彩紫矿涂地，覆以锦罽，王居亦如之。"

对于缅甸骠国的民俗民风，骠国人的信仰以及服饰，唐代史籍均有比较具体的记载："王出，舆以金绳床，远则乘象。嫔史数百人。""王宫设金银二钟，寇至，焚香击之，以占吉凶。""当国王所居门前有一大象，露坐高百余尺，白如霜雪。""若有两相诉讼者，王即令焚香向大象思惟是非，便各引退。其或有灾疫及不安稳之事，王亦焚香对大象悔过自责。"

四、宋朝中缅文化交流

进入 10 至 11 世纪，对中缅两国来说都是十分重要的历史转折时期。中国宋王朝的建立，结束了五代十国的割据局面，海外贸易的发展极大地促进了经济和文化的繁荣，宋朝国力强盛。而此时的缅甸，阿奴律陀王在缅甸历史上第一次统一了缅甸，建立了以蒲甘为中心的缅甸第一个封建王朝——蒲甘王朝。蒲甘王朝的政治、经济、外交，奠定了缅甸封建社会的基础，对缅甸历史的发展有着深远的影响。

（一）发生在蒲甘集市的故事

宋朝时期，中缅两国的交往非常普遍。缅甸著名作家佐基
（1908—1990）的短篇小说《蒲甘集市》[①] 形象而生动地反映了当
时中缅两国之间的贸易与文化交往。短篇小说中写道，中缅两国
商人在缅甸蒲甘集市上互相嘲笑，惊动了蒲甘国王。国王下令宣
诏中国商人领队，命其将一封信交给中国国王，信中要求两国比
试才智。不久，中国商人同一名中国朝廷的使臣来到蒲甘，向缅
甸国王递交了中国皇帝的书信。信中说："得悉陛下愿与敝国比试
才智，不胜荣幸。兹谨向陛下献上'无者实则有也，有者实者无也'
一题。若贵国能解答此题，朕将确认贵国幅员虽小，实者强大无
比也。"要求缅甸七天之内给出答案。缅甸国王收到中国皇帝的
信以后，宣诏宫廷学者御前计议，一连过了五天，没有结果，缅
甸国王心中着急万分。第七天，蒲甘集市上，有一个青年说自己
能够回答这个问题，国王大喜，忙召进宫内。青年安排画家、雕
刻家和木匠忙碌一天，建造了一座彩楼，并向国王禀报有了答案。
国王心中大悦，急忙传召中国使臣到彩楼看答案。青年把楼门打开，
只见楼里摆着两个台子，台子上有帷幔蒙着两间房子。一个帷幔
上写道："无者实则有也"，另一个帷幔上写道："有者实则无也"。

---

① ［缅］德班貌瓦·佐基·敏杜温：《实验文学三人集》，仰光，文学宫出
版社，1956年版。

写着"无者实则有也"的帷幔揭开以后，出现三幅穷人愉快劳动的图画。写着"有者实则无也"的帷幔揭开以后出现了一尊面前摆着山珍海味、侍女成群的阔少的雕像。中国使臣一看，频频点头称赞，对蒲甘青年人说："年轻人，你答得太好了！"这篇短篇小说生动地反映了宋朝时中缅两国的文化交往和贸易往来的频繁与热闹景象。①

（二）宋朝与缅甸蒲甘王朝的友好关系

宋朝时，中缅两国之间彼此尊重，官方交往频繁。比较大的官方交往有两次。第一次是在北宋与蒲甘江喜陀王时期，第二次是在南宋与蒲甘阿朗悉都王时期。1106 年，宋徽宗崇宁五年，缅甸蒲甘王朝首次遣使入宋。宋朝决定按照大食和交趾来使的礼节接待缅甸蒲甘来使。据《宋史》卷四八九"外国传五·蒲甘"记载："蒲甘国，崇宁五年（1106）遣使入贡，诏礼秩视注辇。尚书省言：'注辇役属三佛齐，故熙宁中敕书以大背纸，缄以匣襆，今蒲甘乃大国，王不可下视附庸小国。欲如大食（阿拉伯）、交阯（越南）诸国礼，凡制诏并书以白背金花绫纸，贮以间金镀管簿，用锦绢夹襆缄封以往。'从之。"② 宋朝对缅甸蒲甘来使的接待规格，说明了蒲甘国的实力与地位，说明缅甸当时已经成为东南

---

① 详见王介南、王全珍：《中缅友好两千年　纪念周恩来总理到德宏四十周年》，德宏民族出版社，1996 年版第 44～45 页。
② 脱脱等：《宋史》卷四八九，引自余定邦、黄重言《中国古籍中有关缅甸资料汇编》上册，第 30 页。

亚地区的一个不可小觑的大国，同时也说明了宋朝与缅甸友好的外交关系。

宋朝与缅甸蒲甘国的第二次官方交往是在 1136 年。南宋高宗绍兴六年，缅甸蒲甘阿朗悉都王遣使向南宋进贡。蒲甘派遣的使者同大理的使者一道，途经广西，又由广西经略司派人护送，于七月二十七日到达杭州。《宋会要·蕃夷》记载："南宋高宗绍兴六年（1136）七月二十七日，大理、蒲甘国表贡方物。是日，诏：大理、蒲甘国所进元（方）物，除更不收受外，余令广西经略司差人押赴行在（南宋都城临安，今杭州）。其回赐，令本路转运提刑司于应管钱内取拨付，本司依自来体例计价，优与回赐，内章表等先次入递投进，令学士院降敕书回答。"[1] 龚鼎臣在《东原录》中详细记载了蒲甘国此次进贡的方物有："蒲甘国遣使记莱摩诃菩进表两匣及金藤织两个，并系大理国封号、金银书《金刚经》三卷，金书《大威德经》三卷。"蒲甘向宋朝赠送经卷，说明蒲甘佛教已经很发达，同时也是中缅两国在宋朝时期的佛教交流。

（三）宋朝与蒲甘王朝的佛教交流

宋朝时，缅甸蒲甘国不但与宋朝友好交往，而且与云南大理地方政权南诏国关系也很密切。据缅甸历史巨著《琉璃宫史》第

---

[1] 徐松辑：《宋会要辑稿·番夷七》，引自余定邦、黄重言《中国古籍中有关缅甸资料汇编》上册，中华书局，2002 年版第 31 页。

一卷记载，蒲甘阿奴律陀王是一位虔诚的佛教徒，他崇信小乘佛教。为了弘扬佛教，为了供蒲甘百姓朝拜，他亲自率领其子江喜陀王和鄂推尤、鄂隆赖佩、良吴毕、瑞品兄弟以及蒲甘全国的象军和马军官兵分水陆两路向云南进发，到大理南诏国求取佛牙，受到大理南诏国国王的厚礼接待，逗留三个多月，没有获得佛牙。但是离开南诏时，南诏国王段思廉赠送阿奴律陀王一尊碧玉佛像。阿奴律陀王带回蒲甘以后，将南诏国王赠送的碧玉佛像供奉在皇宫中，每日顶礼膜拜。[①] 这是宋朝时期中缅两国的佛教交往，也是中国文化对缅甸文化发生影响的见证。阿奴律陀王亲赴中国云南大理求取佛牙受到热烈欢迎的故事，已经被缅甸剧作家写成古典舞剧常演不衰，成为中缅友好历史的一段佳话。另据《南诏野史·段正淳传》记载，宋徽宗崇宁二年，"缅人（今缅甸蒲甘）、波斯（今缅甸勃生）、昆仑（今缅甸萨尔温江入海口莫塔马、毛淡棉一带）三国进白象及香物于大理。"白象在缅甸被视为圣物，是国王的象征，是王权的象征，也是国家繁荣昌盛的象征。缅王江喜陀把缅甸最珍贵的白象送给大理，证明了缅甸与中国的友好关系。公元 1112 年，缅王阿隆悉都登基，遣使大理通好。《南诏野史·段正严传》云："政和五年（1115 年），缅人进金花、犀象与大理国。"[②]这说明缅甸蒲甘国阿奴律陀王以后的江喜陀王时期以及阿朗悉都王时期均遣使向中国云南大理南诏政权进贡献方物。

---

① ［缅］《琉璃宫史》第 1 卷，仰光，曼德勒三藏经出版社，1956 年版第 275 ～ 280 页。

② 杨慎：《南诏野史》上卷。引自余定邦、黄重言《中国古籍中有关缅甸资料汇编》上册，中华书局，2002 年版第 331 页。

　　蒲甘是缅甸蒲甘王朝的首都，是缅甸古代政治、经济和文化的中心，也是缅甸佛教中心。蒲甘城内佛塔林立。据缅甸考古局统计，在方圆16平方英里（约41平方公里）的土地上，"牛车之声响不断，蒲甘佛塔数不完""手指指处皆佛塔"。古代蒲甘总计有4446座佛塔，经过一千多年的风化、地震和洪水的破坏，1968年，缅甸政府考古局对蒲甘佛塔进行重新统计，确认现存佛塔有2217座，[①]平均每平方公里54座，堪称世界之最，蒲甘也因此被称为"万塔之城"。蒲甘佛塔千姿百态，形状各异，塔内外到处都是雕塑和壁画，琳琅满目，比比皆是，栩栩如生，是"缅甸文化和艺术的宝库"。

缅甸蒲甘佛塔

---

① ［缅］吴波给：《蒲甘研究指南》，仰光文学宫出版社，1968年版第13～14页。

在这些千姿百态的佛塔建筑中，既有印度佛塔风格，也有印缅结合的佛塔风姿，还有完全缅甸化了的佛塔风貌，同时也发现有中国佛塔建筑艺术和佛像雕塑影响的痕迹。据缅甸考古学家杜生诰的考证，缅甸 11 世纪建造的佛塔和雕塑的佛像明显受到中国佛教的影响。在悉塔那佛塔（Sittana）和瑞珊陶佛塔（Shwesandao）中均发现有中国佛教徒喜欢供奉的弥勒佛像。杜生诰还在一座佛寺中发现一尊无首佛像，杜生诰和缅甸学者认为这是中国佛教徒喜欢供奉的阿弥陀佛像。在蒲甘，有的蒲甘佛塔的建筑风格也与我国佛塔的建筑风格相似。譬如瑞喜宫佛塔（Shwesigon）和瑞陶辛佛塔的建筑结构和形状与北京的白塔寺相似。此外，缅甸佛塔和寺庙大门外都有两个巨大的石狮子、佛塔建筑中常见的辐射拱门、多层飞檐楼阁等都与我国的佛教建筑艺术接近，说明受到了中国文化的影响。[①] 缅甸蒲甘佛塔中珍藏着大量壁画，据统计仅阿难陀佛塔中就有 1500 多幅壁画。这些栩栩如生的壁画是研究蒲甘文化的宝贵资料，很多壁画从风格和笔调上看酷似我国唐宋的作品，[②]尤其是缅甸蒲甘优波离戒坛中的壁画，其鲜明的轮廓和突出的线条都证明了中国绘画对缅甸绘画的影响。[③]

---

① ［缅］杜生诰：《中国古物在蒲甘》，转引自周一良《中外文化交流史》，河南人民出版社，1987 年版第 16 页。
② 周一良：《中外文化交流史》，河南人民出版社，1987 年版第 16 页。
③ ［缅］《文化与友谊》，缅中友协，仰光，第 13 页。

蒲甘佛寺佛塔里的壁画

蒲甘佛寺佛塔里的壁画

（四）宋朝中缅文化交流

缅甸仰光大学历史系教授、系主任觉岱博士在其撰写的《缅甸联邦历史》一书中说："缅人在进入缅甸内陆以前，在南诏文化的影响下，发生了很大的变化。在南诏统治时期，缅人学会了很多技术。学会了用桑树木制作弓，学会了饲养马匹，骑马的技术变得娴熟。此外，缅人还从南诏学会了其他生活技术。比如淘金技术、制盐技术、开采琥珀技术等。在山坡上种植梯田的技术也是从南诏那里学会的。学会了引水灌溉技术以及在平原地区利用河水修建灌溉网的技术。"[①] 另据《诸蕃志》记载，缅甸"其国多马，不鞍而骑"。我国大理盛产好马良驹，缅甸北部的钦族称马为"缅人的动物"或者"外国的动物"，因此，缅甸的马也肯定是通过缅人迁徙过程中从中国大理引进的。[②]

缅甸漆器制作是宋代中缅两国文化交流的产物。蒲甘王朝初期，中国宋代的漆器制作技术传入缅甸。缅甸人把中国传入的漆器制作技术同缅甸国情有机地结合在一起，将漆器制作发展成为具有缅甸特色的十大手工艺之一。蒲甘是缅甸漆器制作的主要产地。漆器成品有盛糖果的漆盘、漆画、漆制香烟盒、漆制茶筒、漆制斋饭盒、漆制酒杯、漆制茶壶茶碗、漆制水杯、漆制饭碗等不下几百种。蒲甘漆器从古代起就已经进入缅甸寻常百姓家，成为缅甸人必备的日常用品。另外，缅甸漆器还受到前来缅甸旅游

---

① ［缅］觉岱博士：《缅甸联邦历史》，可缅出版社，1966 年版第 101～102 页。
② 同上，1966 年版第 102 页。

的外国游客的青睐，成为旅游畅销产品，成为赚取外汇的渠道。缅甸还在蒲甘和曼德勒建有漆器学校，教授漆器制作技术，培养漆器制作接班人，发展民族手工业。

根据以上史书记载，宋朝时期缅甸不论与宋朝中央政府还是同云南大理的地方政府南诏政权关系都非常密切，不仅在政治上有外交往来，也有繁荣的商贸关系，还有着密切的文化交流。政治上和经济上的关系无疑促进了文化交流，加深了中缅两国的相互了解和友谊。

（五）宋朝我国学者记载缅甸的文献

宋朝时期，中国的史籍中直接记载缅甸情况的书籍并不多，但对以前的介绍缅甸的著作做了许多收集和整理的工作。宋代的《宋史》《岭外代答》《诸蕃志》《太平御览》《太平广记》《玉海》《续博物志》《扶南传》《南州异物志》等著作，对缅甸骠国、弥臣、顿逊等都有介绍，使得中国人对缅甸的了解进一步加深。周去非《岭外代答》卷二"蒲甘"条记载："蒲甘国，自大理国五程至其国。……蒲甘国王、官员皆戴金冠，状如犀角。有马不鞍而骑。王居以锡为瓦，以金银裹饰屋壁。有寺数十所，僧皆黄衣。国王早朝，其官僚各持花献王。僧作梵语祝寿，以花戴王首，余花归寺供佛。"[①] 另赵汝适《诸蕃志》蒲甘国记载："蒲甘国，官民皆

---

① 周去非：《岭外代答》卷二，丛书集成初编本。引自余定邦、黄重言《中国古籍有关缅甸资料汇编》上册，中华书局，2002 年版第 35 ～ 36 页。

撮髻于额，以帛系之，但地主别以金冠。其国多马，不鞍而骑。其俗奉佛尤谨，僧皆衣黄。"①

五、元朝中缅文化交流

进入 13 世纪后半叶，中国历史进入元朝时期，缅甸蒲甘王朝开始走向衰落。此时，濒于崩溃的缅甸蒲甘王朝与中国新兴的元朝之间先后发生了 3 次战争，使得历史上一直友好相处的中缅关系受到了一定的影响。但在元朝短暂的 89 年的统治中，中缅两国人民在大部分时间里是友好相处的，战争虽然残酷，但同时也促进了中缅两国的文化交流和商贸往来。

（一）元朝与蒲甘王朝的第一次战争

缅甸貌丁昂撰写的《缅甸史》记载，中缅间的第一次战争是发生在 1277 年。1271 年元朝皇帝忽必烈通过云南大理、鄯阐路宣慰司都元帅府遣乞觫脱因出使缅甸蒲甘王朝，"招其内附"。乞觫脱因到缅甸以后，"不得见其王，见其臣下"。至元十年（1273）元朝又派遣勘马刺失里、乞觫脱因等出使缅甸，并带去诏书，要求那罗梯诃波帝王归附纳贡。遣勘马刺失里、乞觫脱因等人久去

---

① 赵汝适：《诸蕃志》卷上，冯承钧校注，引自余定邦、黄重言《中国古籍中有关缅甸资料汇编》上册，中华书局，2002 年版第 36 页。

忽必烈画像

不归，毫无音信。云南官员提议："缅王无降心，去使不返，必须征讨。"忽必烈没有同意，主张"暂缓之"。据缅甸史书记载，那罗梯诃波帝王不听大臣们的劝告，囚禁并杀害了中国元朝来使。1277年，缅甸人侵入中国云南干额、金齿地区，元朝遂出兵，总兵力1.2万人。缅甸军队有战象2000头、骑兵和步兵6万人参加了战斗。战役开始，缅军前队乘马，次队驱象，再次为步卒。象被甲，背负战楼，两侧挟大竹筒及短枪。战争沿太平江一带展开，史称"牙崇羌之战"。缅军用象队冲锋，多次击溃了元军的进攻。但是深谋远虑的元军将领选择有利地形，当缅军象队进攻时退入密林之中下马，而后拔箭怒射其象，几乎箭箭射中，缅军战象死伤过半，溃不成军，践踏自己的军队无数，退入林中。元军上马乘胜追击，锐不可当，缅军大败，元军追至江头城。[①]这是元朝时中缅两国之间爆发的第一次战争，是由缅方进攻干额挑起的。缅甸历史学家貌丁昂在

---

① ［缅］觉岱博士：《缅甸联邦史》，可缅出版社，1966年版第63～64页。

其所著《缅甸史》中也承认这次战争是缅人入侵造成的。战争持续时间很短，主要是在云南边境地区进行的，可以说只是一次边境武装冲突。

（二）元朝与蒲甘王朝的第二次战争

元时，中缅间第二次战争爆发在 1283 年年底。至元十七年二月，云南都元帅纳速剌丁上奏朝廷："缅国舆地形势皆在臣目中亦。先奉旨，若重庆诸郡平，然后有事缅国。今四川已底宁，请益兵征之。"忽必烈允之，命其"将精兵万人征缅国"。五月，又下令云南行省"发四川军万人，命药剌海领之，与前所遣将，同征缅国"。经过充分准备以后，忽必烈下令以宗王相吾答儿为统帅，太卜为右丞，也罕的斤为参政，于至元二十年九月一日从云南中庆府出发，大举进攻缅甸。此次战役中，太卜由罗必甸进军，也罕的斤取道阿昔江，破江头城，击杀万余人。江头城外有一座木寨，位于今巴莫的对岸，缅甸称为额昌羌（又译牙嵩羌、牙嵩鉴）。元军攻占江头城和牙嵩羌木寨，缅史称之为牙嵩羌战役。牙嵩羌战役是改变缅甸历史的一次战役。此后，元军水陆并进，于至元二十一年正月攻占缅甸北部要塞太公城。四天后，"相吾答儿遣使进缅国所贡珍珠、珊瑚、异彩及七宝束带"。接着，元军攻进高辛，缅王那罗梯诃波帝如惊弓之鸟，于 1284 年 3 月仓皇逃窜，从蒲甘逃到下缅甸卑谬一带，苟且偷生，被缅甸人戏称为"得由披敏"（意为"畏中国人而逃亡的国王"）。最后元军于 1287 年

2月一路攻占首都蒲甘，把整个缅甸北部纳入自己的统治范围，成立"缅省"。①

（三）元朝与蒲甘王朝的第三次战争

元朝时期中缅第三次战争是在 1300 年。1287 年蒲甘削弱以后，缅甸出现了掸族三兄弟，原系一位掸邦崩那咖侯的三个儿子，在敏晒（木连城）一带很有影响。那罗梯诃波帝王时负责叫栖莱顿县的守卫，利用与王室成员的婚事提高自己的地位，壮大自己的势力。② 蒲甘王乔苴视他们为威胁，于是派其子向元朝求援。元成祖承认乔苴为缅甸国王，并赐掸族二兄弟中国封号。③ 1299 年，掸族三兄弟在敏晒（木连城）把乔苴软禁，其子急向元朝求救。1300 年，元朝出兵干预，包围敏晒，久攻不下。由于天气炎热，疟疾流行，加上掸族三兄弟贿赂，元军不攻自退。1303 年，元朝撤销缅省建制，与缅甸恢复友谊，两国关系遂转为正常。

（四）信第达巴茂克高僧出访元朝

元朝中缅关系虽然经历了 3 次战争，给中缅两国人民带来了灾难，但是，从某种意义上讲，战争也促进了中缅之间的文化交流。首先，战争促进了中缅两国的官方关系，进一步加深了相互

---

① ［缅］觉岱博士：《缅甸联邦史》，可缅出版社，1996 年版第 64～65 页。
② ［缅］觉岱博士：《缅甸联邦史》，可缅出版社，1996 年版第 98～99 页。
③ ［缅］貌丁昂：《缅甸史》，贺圣达译，云南东南亚研究所，1983 年第 74 页。

之间的了解。1284 年，元军攻进太公城。那罗梯诃波帝王于 1284 年 3 月慌忙向南逃窜，一直逃到缅甸南部港口勃生，后来又逃到下缅甸卑谬之西的莱甲静观时局变化。闻雨季过后元军还要进攻蒲甘后，急忙在这年雨季到来之前派遣以高僧信第达巴茂克为首的和谈团赴元大都北京与忽必烈和谈。这次和谈是中缅关系史上的一次友好往来。信第达巴茂克高僧于 1286 年出发，1287 年抵达元大都北京。忽必烈隆重欢迎，并解释随军进入缅甸的僧侣"非为战事，乃为宗教也"。信第达巴茂克高僧接过话头，因势利导，做了一段情深理正、掷地有声的陈述。信第达巴茂克高僧禀道："大王所遣兵士与僧侣，现已进抵敝邦中部。他们惟食大米而能生存。大米，岂非国家繁荣之根本？当今僧伽佛徒为避战祸兵燹，别离乡井，逃离都邑，已无人农耕矣。无人农耕，当无大米焉。军士兵卒不吃大米，仅食糖棕，势必腹痛难忍，焉能不致非命乎？若见兵卒死命，僧侣必莫敢进，而将于争相逃命之中圆寂。倘若如此，何能成全大王圣计？园农靠耕耘而使径叶长发，使芽苤不致凋萎，作物结出果实，可待享用。故恳请大王浇耘'担泊'（蒲甘古称）之花！敝邑虽小，宗教高尚。大王非为虔诚的佛徒乎？如若，则不应亵渎佛祖释迦牟尼之圣教。大王战胜之国，数多地广。担泊，虽区区小国，但圣教香盛，赢得菩萨的普爱。恳请大王，且罢遣兵。庶辈乃将务农。姑且等待收获之后再来！"[①] 忽必烈听后说道："大师所言亦为朕所想。大师返回时，望将逃散之僧众召回，

———————
① 见缅甸《蒲甘碑文》，译文转引于王介南、王全珍《中缅友好两千年 纪念周恩来总理到德宏四十周年》，德宏民族出版社，1996 年版第 52～53 页。

劝人们安心耕种，待丰收安定之时告朕。"信第达巴茂克高僧以崇高的佛教德行、干练的外交才能和杰出的口才说服了忽必烈，停止进军蒲甘。信第达巴茂克高僧回到缅甸以后，缅王那罗梯诃波帝将汉林水稻田四百、建都早稻田四百，共八百，耕牛、奴仆齐备赐给信第达巴茂克高僧，高僧把国王所赏全部布施给蒲甘斑布亚佛塔，并将自己出使元朝的经过镌刻在《信第达巴茂克碑铭》上。在此碑文中，信第达巴茂克将中国称为"德卢"（Ta-ruk），德卢是蒙语译音，是由蒙语的"达鲁葛"或"达鲁花赤"的对音，因为在缅语中，R 与 Y 可以转换，因此现在变成了"德由"（Ta-yuk）。从此，缅甸人称中国或中国人为"德由"。[①]

（五）元缅战争促进了中缅文化交流

元朝时，中缅发生的战争促进了中缅的佛教交流。在《信第达巴茂克碑铭》中，还记载了 1286 年忽必烈派遣他的王子雪雪的斤率领元朝大军进攻缅甸时，随行有一个由两位法师率领的 70 个寺庙的僧侣组成的僧侣使团，入缅后驻于太公城。很明显，忽必烈欲用佛教力量征服缅甸，而缅甸也恰恰选派以信第达巴茂克高僧为首的使团出使元朝，也希望用佛教说服元朝。这在客观上可以说是中缅之间佛教的交流。陈炎教授认为，缅语中的汉语佛教借词很有可能就是在这次元朝同缅甸的佛教交流中传入缅甸的。

---

① 详见缅甸《新仰光报》，1955 年 8 月 10 日。

元朝中缅战争促进了缅甸的农业生产。1300 年，第三次中缅战争时，统率元军的云南参知政事高庆等人拒不执行元朝对缅作战命令，率领军队协助当地缅人解除旱灾，抢修叫栖一带水利灌溉工程，并且挖出一条顶兑运河。[①] 这些由元朝军队开凿的水利工程至今仍然对缅甸农业的发展发挥着重要的作用。

元朝中缅战争促进了两国的军事交流。缅甸从中国元朝军队学习了不少作战方法和军事技巧。当信第达巴茂克说服忽必烈从缅甸撤军，结束第三次中缅战争时，掸族首领僧哥速曾在庆功会上即席吟诗一首，诗中描绘了元军精于弓箭的情景。诗中写道"秦人来自山径兮，怒吼兮怒吼；弩箭密如暴雨兮，奔流兮奔流"。这首诗被缅甸文学界列为缅甸文学作品选读。[②]

在缅甸蒲甘江喜陀寺内的壁画中，至今还保存着一名元朝军队"司鹰官"的画像。这名元朝军官穿着靴子，戴着帽子，手里持着一只小鹰。在蒙语中称其为"昔宝赤"。寺内还有另一幅元军士兵张弓射矢的壁画。这是缅甸蒲甘文化中反映中缅文化交流的珍贵文物。可见，元朝中缅战争以后蒙语对缅语的影响，也可以看出中国文化对缅甸文化的影响。

据初步统计，终元之世，缅甸至少有 13 次遣使至元朝，元朝遣使至缅甸有 6 次，频繁的使节往来不仅加深了中缅两国政治上的联系，同时也促进了中缅两国的经济和文化的交流。1330 年，

---

① ［缅］吴巴迎：《中缅关系》，第 38 页。转引自周一良《中外文化交流史》，河南人民出版社，1987 年版第 19 页。
② 《缅甸文选》，仰光政府印书局，转引自《缅甸史》，姚枏译，商务印书馆，1957 年版第 122 页。

元朝在缅北木邦设立宣慰司；1338 年，元朝在曼德勒西南邦牙等处设立宣慰使都元帅府和总管府。元朝对缅北的经营管理，带去了先进的管理制度和生产方法，促进了当地的经济和文化的发展。伴随着中国行政省份在缅甸的建立，中国的历法、天文、节气、干支、纪年、五行、七曜日、十二生肖等也曾在缅甸流行，对缅甸文化以及农业生产的发展起到了推动作用。

（六）元朝中缅贸易往来

元朝时，中缅之间的陆路和海路交通日臻完善。陆路自 1253 年元军占领云南以后，就着于建立驿站。至元十六午（1279），已经在古滇缅道上的金齿、蒲缥、曲腊、缅甸界内，"即立站递，设卫送军"，使滇缅古道上驿站畅通。1297 年，元朝又根据缅方的要求将驿站延伸至缅甸北部地区。1300 年，元朝又"增云南至缅国十五驿"，使滇缅古道日渐完善。此外，元朝期间，中缅海上交通也得到了发展。

元朝时期中缅陆路和海路交通的改善，促进了中缅贸易的发展，而贸易的繁荣又和文化的交流交织在一起。元朝航海家汪大渊在《岛夷志略》中记载了中国船只到过下缅甸的针路（今丹老）、淡邈（今土瓦）、都八马（今莫塔马）、乌爹（今勃固）等地，以中国的丝绸、瓷器、乐器、金银、铜铁换取缅甸的特产象牙、胡椒、稻米等情况。中国的丝绸和瓷器的传入对缅甸的传统服饰文化和生活习俗产生了影响，缅甸马都八产的"重者百余斤，轻者七八十斤"的象牙是中国传统工艺品"牙雕"的珍贵原料。

贸易的发展还促进了货币的交换。元朝期间，中国的"中统钞"币制通过贸易传入缅甸，缅甸当时的货币海贝也传入我国云南，计算海贝的四四五的进位法也从下缅甸传入我国云南一带。中统钞和海贝可以互相兑换，并有一定的比率。据汪大渊在《岛夷志略》中说，勃固地区每一个银钱重二钱八分，"准中统钞一十两"。由此可见，元朝与缅甸之间的货币文化的相互交流和相互影响。汪大渊在书中还说，元朝时期，中国出产的白丝、五色缎、青白花瓷器成为缅甸勃固地区通用的"贸易之货"。

除此以外，元朝时期，中国赴缅经商的人由于缅甸生活容易，"故贩其地者十去九不还也"，[①] 成为我国移居缅甸的华侨。旅缅华侨的产生使中华文化对缅甸的传统文化产生了极大的影响。从生活习俗、宗教信仰、语言等各个方面都有体现。

元代弓箭手

---

① 汪大渊：《岛夷志略》，苏继顾校释本，引自余定邦、黄重言《中国古籍中有关缅甸资料汇编》上册，中华书局，2002 年版第 62 页。

根据英国人的考证，缅甸北部的玉石矿是在 13 世纪初由云南一个小商贩发现的。开采玉石的技术也是由中国人传入缅甸的。檀萃所著《滇海虞衡志》卷二记载："玉出于南金沙江，江昔为腾越所属，距州二千余里。中多玉，夷人采之，搬出江岸，各成堆，粗矿外护。大小如鹅卵石状，不知其中有玉，并玉之美恶与否。估客随意贸之，运至大理及滇省，皆有作玉坊解之，见翡翠，平地暴富也。"中缅之间的玉石贸易也始于元朝。产于缅甸北部克钦邦雾露河两岸的玉石通过滇缅陆路运入云南腾冲加工，制成精致的装饰品，然后运往全国各地销售。从元朝开始，许多中国人前往缅甸北部克钦邦开采玉石，也有不少云南珠宝商在缅甸开业，经营珠宝业务。缅甸玉石运销我国云南，中国的铜铁制品运销缅甸各地，成为元朝时期中缅陆路贸易的一大特点。

（七）元朝我国学者介绍缅甸的文献

元朝时期，我国学者关于记叙缅甸的史籍有《元史》《夷岛志略》《异域志》《至元征缅录》等。《元史》记载了元朝同缅甸蒲甘王朝发生的战争的情况，以及元朝与蒲甘遣使互访的记载。《夷岛志略》介绍了缅甸物产以及中缅贸易的情况。《异域志》记载了缅甸蒲甘王朝、顿逊国的信仰和风俗。《至元征缅录》是元朝和蒲甘王朝 3 次战争的记叙实录。

六、明朝中缅文化交流

1287 年，中国元朝军队攻占蒲甘，缅甸历史上第一次统一的封建王朝蒲甘王朝已经趋于瓦解，名存实亡。此后，1364 年掸族在缅北阿瓦建立了阿瓦王朝，1368 年，孟族在下缅甸勃固建立了勃固王朝，缅甸进入南北分裂时期，直到公元 1531 年莽瑞体建立东吁王朝，缅甸才实现历史上第二次全国大统一。此时，中国国内形势也发生了变化，1368 年，元朝灭亡，明朝建立。

（一）明朝与阿瓦王朝的友好关系

明朝建立伊始，对内实行休养生息的政策，以缓和内部矛盾，发展生产，繁荣经济。对外，在"柔远""礼治""藩属""朝贡"政策的指导下，对周边国家奉行和平友好政策，不随便对外出兵，成为朱元璋《祖训》中的一项重要内容。

明初，在这项"柔远"政策指导下，明朝主动加强与周边国家的关系，构筑以明朝为核心的"礼治"外交格局，与周边国家建立"朝贡"制度，确立宗藩关系，加速了明朝与周边国家在政治上、贸易上、文化上的相互交流，有力地促进了与周边国家的友好关系，明朝的对外关系得到了空前的发展。

在这项对外友好政策的影响下，明朝与缅甸南北朝之间很快建立了友好关系。面对北部强大的邻国，缅甸境内无论是北朝阿瓦王朝，还是南朝勃固王朝也都有强烈的愿望与明朝发展

坐落于仰光市的观音山寺

关系，竞相与明朝建立友谊，以期得到明朝的支持，巩固自己
的统治。

　　洪武四年，明朝主动派遣田俨、程斗南、张炜、钱允恭等人
出使缅北阿瓦王朝，由于滇缅古道当时被元朝册封的梁王控制，
田俨等人只好绕道安南前往。抵达安南后，"值占城以兵相攻，
道阻不通。留二年余，不得进"。最后只有田俨一人于洪武六年
闰十一月应召返回南京，"余皆道卒"。洪武十五年（1382 年）
明朝平定了梁王，控制了云南以后，在八百媳妇（今泰国清迈）
的斡旋下，缅甸阿瓦王朝的使者板南速刺于洪武二十六年三月访

问明朝，洪武二十七年二月又一次遣使出访明朝，阿瓦王朝先后两次对明朝的友好访问，加深了与明朝的相互了解。是年六月（1394），明朝朱元璋下令在阿瓦设置"缅中宣慰使司"，命阿瓦国王明吉斯伐修寄为宣慰使。永乐元年十月（1403），明朝任命阿瓦国王那罗塔（明康王）为缅甸宣慰使。据《明实录》记载，缅甸阿瓦国王那罗塔向明朝提出："缅人虽处遐裔，闻圣主临御，悉愿臣属，而道经木邦、孟养，多为阻遏，乞命以职，赐冠服、印章，将来凭仗天威，岁效职贡，庶免欺凌。"明成祖"允其所请"。[①]从此，明朝在缅甸阿瓦建立了平缅军民宣慰使司、孟养军民宣慰使司、木邦军民宣慰使司、里麻长官司、孟密安抚司、缅甸军民宣慰使司，与阿瓦王朝建立了朝贡关系，"其朝贡自洪武（1268—1398）至弘治（1488—1505）时不绝"。[②]

（二）明朝与勃固王朝的友好关系

明朝不但与缅甸北部阿瓦王朝建立了友好关系，还同缅甸南部的勃固王朝也发展了友好关系。1404—1405年，明朝先后遣使古剌（勃固王朝）。永乐四年五月（1406），大古剌的统治者泼的那浪遣使选马撒同明朝使臣孟景贤到中国进行访问。选马撒向明朝政府介绍了缅甸南部的情况，说那里地处"西南极边"，希

---

① 《太宗永乐实录》第二三卷，转引自余定邦《中缅关系史》，光明日报出版社，2000年版第48页。
② 王介南、王全珍：《中缅友好两千年 纪念周恩来总理到德宏四十周年》，德宏民族出版社，1996年版第57页。

望明朝"设官统理"。明朝政府批准了大古剌统治者的请求，"一大古剌、底马撒二处地广，各置宣慰使司。小古剌、茶山、底板、孟伦、八家塔各置长官司。以泼的那浪为大古剌宣慰使，腊冈帕为小古剌等处长官司长官。俱给诰印、敕符、金字红牌，遣给事中周让等赍敕往赐之"。明朝在勃固王朝建立了大古剌军民宣慰使司、底马撒军民宣慰使司、底瓦剌宣慰使司、小古剌长官司、茶山长官司、底板长官司、孟伦长官司、八家塔长官司等，同勃固王朝建立了藩属以及朝贡关系。从此，"每遇朝廷改元，颁给敕谕一道，铜铸信符一面，勘合号纸一百张，以'文行忠信'四字为号，付各宣慰使司收掌，遇进贡或奏事情则填写赴京。另有底簿付云南布政司以备查对"。①

明朝，从洪武四年（1371）到宣德八年（1433），先后15次遣使访问阿瓦王朝和勃固王朝，阿瓦王朝和勃固王朝也从洪武二十六年（1393）到宣德八年（1433），先后遣使27次访问明朝。通过频繁的互访，建立了藩属朝贡关系，加深了同北朝阿瓦王朝和南朝勃固王朝的了解和友谊。

（三）明朝帮助阿瓦王朝调解纷争

明朝在同缅甸阿瓦王朝和勃固王朝频繁的官方交往中，还在阿瓦王朝做了很多调节斡旋的工作，帮助阿瓦解除纷争，排除隔阂，

① 罗日褧：《咸宾录》，转引自余定邦《中缅关系史》，光明日报出版社，2000年版第50页。

加强了阿瓦王朝的国内团结。洪武二十八年十月,阿瓦王明吉斯伐修寄遣使明朝,向朱元璋说麓川平缅宣慰使思伦发"出兵侵夺其领土",请求帮助。朱元璋认为:"远夷相争,盖其常事。然中国抚驭四夷,必使之无事,当遣使谕解之。"明朝遂遣使行人钱古训、李思聪前往麓川和阿瓦调节,"谕以睦邻之义"。朱元璋还给阿瓦王一封诏令:"排难解纷之事,朕之旨意,恨不一言而止,使彼此各罢兵守,乐黎民于事野。两国之民,居处虽分,惟存关市之讥,是其和也。其或纷争不已,天将昭鉴,福善祸淫,迟速可待。敕至,尔当审之。"朱元璋还给思伦发一封诏令,软硬兼施,力劝思伦发停止"蚕食邻邦"。在朱元璋的感召下,经过钱古训和李思聪的劝解,阿瓦和麓川终于"罢兵和好"。

阿瓦和孟养,明朝时都是属于云南布政司的宣慰使司。1406年,阿瓦王那罗塔(明恭王)发兵抢劫,杀了刀木旦及其长子司鸾发,掳其人口和牛马牲畜,占其土地,侵其地盘,阿瓦与孟养之间发生冲突。同年闰七月,明朝政府派遣张洪出使阿瓦,调节阿瓦与孟养的纷争,"且索刀木旦子孙,复立孟养"。张洪还带去了明成祖给那罗塔的敕谕,劝其"速易心改虑,勉循善道,还所侵地及掳掠之人。自今奉法循理,各守疆场,以安其民,庶几可免前罪。如复冥不悛,天讨必加,悔将无及"。那罗塔寻找借口,为自己侵地杀人辩解。张洪表现出极大的耐心,与那罗塔进行了长时间的谈判,终于说服了那罗塔,同意"归其境土及其所掠"。永乐五年(1407)四月,阿瓦那罗塔遣使"诣阙贡方物,谢罪"。永乐十四年(1416)明朝政府正式恢复孟养军民宣慰司,以刀木

明成祖朱棣画像

旦次子刀得孟为宣慰使。

阿瓦与木邦之间的矛盾由来已久。明宣德五年（1430）六月，缅甸宣慰使告曰木邦"侵占其地，掠其人畜"。明宣宗即谕示驻守云南总兵官沐晟及云南三司官员发出敕谕："麓川、缅甸皆言木邦侵略土地人民，尔咸宜遣官与三司堂上官各一人同云仙等往谕。如所言皆实，悉令退换，继今各安分保境，互不侵犯。如其不服，奏来处置。"为解决阿瓦与木邦纷争，明宣宗先后两次遣使前往调解纷争。

阿瓦王朝明吉斯伐修寄王死后，宫廷内部权力之争非常激烈。长子那罗塔尽收次子马者剌土地给人民，马者剌遣人向明朝投诉。明成祖朱棣给那罗塔下了一道敕谕："尔违父命，逐弟而据其地，夺其财产，致弟无所归，甚乖孝友之道。其即改行为善，所得尔弟土地资产，悉以还之，兄弟相好如初，则朕如喜。不然，天殃人祸，悔将无及。"在明朝的劝告下，永乐六年五月，那罗塔前往明朝，"贡马及方物""并谢擅夺其弟土地、资产之罪"。

永乐六年（1408），大古剌宣慰使司

和底板等长官司之间发生纠纷。大古剌宣慰使出兵攻打底板，侵据土地，掳掠土官。明成祖派人送敕谕。敕谕中说："使回，言尔受命之后益肆骄纵，欺凌底板、孟伦、八家塔孤弱无助，侵其境土，恣行杀掠，掳土官伽立昧等，使其军民不能安业，违朕绥抚远人之意。今复遣使谕尔，如即遵朕言，还底板等三长官司故地，归其土官伽立昧及所掳掠人畜货财，则尔罪可宥，土地人民可保。不然，大兵压境，悔不可追。"

明朝依仗其开明的政策和新兴大国的实力，帮助阿瓦王朝调解了阿瓦与云南麓川土司之间的纷争，帮助调节了阿瓦与孟养之间的纷争、阿瓦与木邦之间的纷争、阿瓦王朝内部的权力之争，以及大古剌宣慰司和底板等长官司之间的纷争，不仅使阿瓦王朝与邻邦的关系"修好临境，各守境界"，同时使得阿瓦王朝内部"兄弟和好如初"，进一步加强了中缅之间的友好关系，为中缅文化交流奠定了基础。

（四）缅文教育，中缅文化交流的新领域

中缅两国的友好关系促进了彼此的文化交流。为了适应中缅两国之间日益扩大的贸易和官方往来的需要，明朝开办缅字馆、四夷馆和在首都设立缅甸邸，开辟了中缅文化交流的新领域。明朝初期，为了促进与缅甸的友好关系和贸易的发展，在昆明设立"缅字馆"，主要培养缅语翻译人才，负责接待缅甸来使和缅甸商人，由缅字馆的缅字生承担翻译工作，通过翻译进行交易。据

《腾越州志》记载："凡缅人使至必用蒲（贝）叶刻划来投，或用墨纸背之，层入板式用白粉和胶写之，形如蝌蚪，用通事翻译有不能通其义者，故设缅字馆。"[1]《滇系》中也记载："明初，设缅字馆于滇桓，令汉人习而译之。（缅甸）今虽十年一贡，然其输诚之奏、纳款之文仍不时上达，亦当事者所宜讲求也。考缅字授自缅僧，有深浅优劣之别，精者知晦明风雨，日月剥蚀。"[2]由此可见，明初设缅字馆的目的，以及缅字馆的教学和教员情况。除此以外，明朝还在首都设立"缅甸邸"，专门负责接待缅甸使臣。值得一提的是，明朝在1407年（永乐五年）在首都应天府（今南京）开设我国历史上最早的外国语学校"四夷馆"。四夷馆内设有八馆，包括鞑靼、女真、西番、西天、回回、百夷、高昌、缅甸。缅甸馆主要培养礼宾以及中缅文互译的"通事"。[3]四夷馆教授缅甸语的教员有中国籍教师，也有缅甸籍教师。据统计，从1490年至1604年中国籍教师有23人。缅甸籍教师有旅缅华侨也有缅甸人。华侨教师有李瓒、寸文斌、寸玉、寸惜阴等，其中寸玉任职时间最长。明武宗（1506—1521）为表彰他的功绩，赐予他"仕佐郎"之职。缅甸人教师有当丙、云清、班思杰、康剌改、潘达剌、己扯盼、孟香、的洒、香中等，明朝曾

---

① 《腾越州志》卷一一，引自周一良《中外文化交流史》，河南人民出版社，1987年版第27页。

② 师范：《滇系·杂载》，引自余定邦、黄重言：《中国古籍中有关缅甸资料汇编》下册，中华书局，2002年版第1064页。

③ 吕维祺编：《增定馆则》卷一，玄览堂丛书本。引自余定邦、黄重言《中国古籍中有关缅甸资料汇编》上册，中华书局，2002年版第260页。

授予他们"序班""鸿胪寺序班""光禄寺寺丞"等职衔。孟香、的洒在四夷馆任教时间比较长，也都起了汉文名字。孟香汉名德馨，的洒汉名靖之。缅甸教师为中国培养了很多缅语翻译人才，为中缅文化交流贡献了自己的一生，死后葬于南京。缅甸馆的课程主要有三门，即"翻译杂字""译写来文""回答敕谕"等。四夷馆翻译课程的课本有《华夷译语》，共 24 篇，第二篇为缅甸译语，这实际上是我国最早的缅华词典。[①]

（五）傣缅联姻与中缅文化交流

明朝时期，除了设立缅字馆、四夷馆以外，缅甸小乘佛教、小乘佛教的建筑艺术、缅甸的乐曲也传入我国云南傣族地区。中国的饮茶习惯则通过云南保山、德宏地区传入缅甸。[②]值得一提的是，该时期发生的一件大事是傣缅联姻。明朝时期，缅甸东吁王朝莽应龙将金莲公主嫁给我国西双版纳车里的"召片领"刀应猛为妻。金莲公主在一个缅甸佛教团的陪同下，来到西双版纳首府景洪与刀应猛完婚。明王朝的猛些（今昆明）长官特派代表出席婚典，以示祝贺。婚礼隆重，并采用缅甸"滴圣水礼"的仪式举行。傣缅联姻不仅加深了中缅两国的友谊，同时也促进了中缅的文化交流，使缅甸小乘佛教、小乘佛教习俗、小乘佛教建筑艺术一并传入我国云南傣族地区。正如邓殿臣在《南传佛教史简编》中记

---

① 贺圣达：《缅甸史》，人民出版社，1992 年版第 99 页。
② 同上。

载的那样："莽应龙还和西双版纳傣族邦国联姻，于公元 1569 年把公主媂巴杜麻波罕（即金莲公主）嫁给西双版纳第十九代宣慰使（召片领）刀应猛为妻，并派佛教代表团随同公主到西双版纳弘扬佛法。使团带了巴利文三藏和大量佛典、佛像随同公主来到景洪，大力弘法。公主也在景洪建一佛寺，取名'金莲寺'。缅傣联姻，促进了傣族地区佛教的发展。"[①]傣缅联姻极大地丰富了傣族文化，使傣族文化注入了很多缅甸文化的元素，至今傣族人的宗教信仰、佛教习俗、生产和生活习惯、建筑特色、舞蹈艺术风格等几乎都与缅甸文化息息相关。

（六）缅茄树，中缅友谊之树枝繁叶茂

广东省高州（古称茂名）城北门观山山麓西岸池旁广场上有一株树龄高达 300 多年的缅茄树，这也是明朝时期中缅文化交流的一个例证。据说，该缅茄树是明朝万历年间（1573—1619）缅甸东吁王朝进贡的一批缅茄树仔长成的。缅茄，亦称沔茄，常绿乔木，属豆科，原产缅甸。我国仅有寥寥数株。缅茄树是一种观赏树，其结出的荚果，可用来制印、雕刻，还可入药，具有治疗牙痛、解毒去火等功效。广东高州的缅茄树仔由神宗皇帝朱诩钧赐给高州太仆李邦直，李邦直带回广东，其子佩戴将缅茄树种子丢失于床下发芽出土，遂长成今日之高 24 米，树干粗大如柱，直

---

① 邓殿臣：《南传佛教史简编》，中国佛教协会，1991 年第 193 页。

缅茄树

径约两米，虽数人仍不能合抱的参天大树。[①]这棵来自缅甸东吁王朝的番茄古树枝繁叶茂，象征着中缅两国人民之间的友谊长青，也是明朝中缅两国文化交流的见证。

（七）明朝中缅贸易兴隆

明朝时期，中国与缅甸由于政治关系的加强，语言上的沟通，促进了中缅两国的经贸往来，两国的贸易关系十分密切。朱孟震

---

① 王介南、王全珍：《中缅友好两千年　纪念周恩来总理到德宏四十周年》，德宏民族出版社，1996年版第71页。

在《西南夷风土记》中写道："江头城外有大明街，闽、广、江、蜀居货游艺者数万，而三宣六慰被携者亦数万。"书中还写道："交易或五日一市，十日一市，惟孟密一日一小市，五日一大市，盖其地多宝藏，商贾辐辏，故物价常平。……普坎（蒲甘）城中有武侯南征碑，缅人称为汉人地方。……器用陶瓦、铜铁，尤善采漆画金。其工匠皆广人，与中国侔。"① 由此可见，明朝时期中缅两国之间的贸易往来的频繁和繁荣程度。丝绸和棉花是明朝与缅甸贸易的主要商品。缅甸作家貌觉温著文说："从 15 世纪开始，中国商人就循着从永昌至勃固的商道，把中国的丝绸和其他货物源源运抵勃固。"② 西方学者史古特在《锦绣东方——旅缅生活记录》中写道："从云南到巴莫的这条国际通道上，有从中国来的庞大的驮运商队（马帮），数千骡马、数百劳工和商人，从中国运来大量丝绸。在巴莫有座供中国商人休息和文化活动的关帝庙，还有许多仓库，堆满运来的丝绸和待运回去的棉花。"③ 明朝时，中国丝绸不仅通过中缅边境从陆路运往上缅甸，还通过海路运往下缅甸。据戈·埃·哈威在《缅甸史》中讲："1541 年缅王莽瑞体攻陷下缅甸沿海商业城市马都八（今莫塔马）时，就发现仓库中藏满丝绸等货物。"④ 中国丝绸大量进入缅甸，提高了缅甸人的服饰质

---

① 朱孟震：《西南夷风土记》，丛书集成初编本。引自余定邦、黄重言《中国古籍中有关缅甸资料汇编》上册，中华书局，2002 年版第 352 ～ 354 页。
② 缅甸《妙瓦底》杂志，1977 年 9 月第 78 ～ 80 页。
③ 史古特：《锦绣东方——旅缅生活记录》。转引自周一良《中外文化交流史》，河南人民出版社，1987 年版第 24 页。
④ ［英］戈·埃·哈威：《缅甸史》，商务印书馆，1957 年版第 199 页。

量，使缅甸妇女的服饰变得绚丽多彩。缅甸诗人吴悉赋诗盛赞中国永昌产的丝经过加工织成漂亮的"白底金线翠色边"的三色丝绸，质地精良，灿烂夺目，只有达官贵人才能穿戴，令人着迷，令人为之倾倒！①

玉石是明朝从缅甸进口的另一大宗商品。缅甸盛产玉石、宝石、琥珀等。缅甸北部克钦邦雾露河一带盛产玉石，著名产地有帕甘、多莫和班苗差等。此外，木邦的孟密和孟养的孟拱也是当时缅甸宝石和琥珀的主要产地。自13世纪中国云南小商贩无意中在缅甸发现玉石以来，一批批的云南人相继到缅甸北部开采玉石，把中国的开采玉石技术带到缅甸，促进了缅甸玉石开采业的发展。明朝时期缅甸玉石开采发展很快，很多中国人经由滇缅古道到缅甸开采玉石，寻找生活出路。明朝时期，每年去缅北开采玉石的中国工人多至千人，玉石产品多时达数千担。他们把从缅甸开采出来的玉石原石运往我国云南腾冲，琢磨加工，制成各种装饰品，运到内地和东南沿海一带销售。据记载，当时，我国仅在缅甸经营玉石的珠宝店就多达百余家。缅甸古都阿摩罗补罗遗址的一座中国古庙中，就刻有5000个中国玉石商人的名字。②

宝石贸易和加工业的发展，带动了明朝文学作品和歌谣的创作，明朝文人为此写下了不少反映当时我国劳动人民背井离乡奔赴缅甸矿井开采玉石的悲惨情景，揭露官宦富贾巧取豪夺的歌谣。

---

① ［缅］吴埃貌：《诗的花环》，第104页。
② 引自周一良：《中外关系交流史》，河南人民出版社，1987版第25页。

譬如杨慎在《宝井谣》中就写道：

彩石光珠从古董，窈窕繁华皆玩弄。

岂知雨片若云鬟，戴却九夷重译贡。

……

君不见永昌城南宝井路，

七里亭前碗水铺。

情知死别少生还，

妻子爷娘泣相诉。

川长不闻遥泪声，

但见黄沙起金雾。

潞江八湾瘴气多，

黄草坝连猛虎坡。

……

回首滇云已万里，

宝井前瞻犹望洋。

得宝归来似更生，

吊影惊魂梦犹怕。①

……

还有一首反映中国宝石商人不畏瘴疠，赶着

清朝钱杜绘杨慎像

---

① 《腾越州志》卷三，引自余定邦、黄重言《中国古籍中有关缅甸资料汇编》下册，中华书局，2002年版第1044页。

骡马, 把缅甸宝石运回中国的情景的诗。明朝李根源在《永昌府文征》中写了一首《宝井词》, 诗中写道:

> 缅中花落满蛮山, 千两鸦青[①] 马上还。
>
> 寒食雨飞防瘴疠, 汉人不敢出姚关。[②]

缅甸产的玉石是雕刻玉佛的珍贵材料。随着明朝中缅关系的发展, 与缅甸玉石贸易规模的扩大, 缅甸将很多玉佛赠送给我国。我国的古刹名寺等佛教圣地, 均有缅甸赠送的玉佛。如五台山广济茅蓬、四川峨眉山金顶、浙江普陀山文物馆、杭州的灵隐寺、福州的涌泉寺、北京的北海团城、八大处灵隐寺等都有缅甸赠送的玉佛。这些栩栩如生的玉石卧佛、立佛和坐佛, 质地优良, 工艺精美, "洁白无瑕, 巧夺天工"。[③]

明朝时期中缅之间的陆路贸易还有棉花和食盐。缅甸北部盛产棉花, 中国盛产食盐, 盐棉贸易是明朝时期中缅之间除丝绸、玉石贸易外的第三大贸易。史料记载, 缅北各地均依赖中国输入的食盐, 每当发生冲突或者战事时, 盐商停止输入食盐, 缅北便发生盐荒。食盐是当时中国输缅的重要商品之一。棉花是明朝期间中国从缅甸进口的大宗货物。由于食盐和棉花的贸易, 缅北江头城里的中国商贾云集, 贸易兴隆, 除了云南客商外, 还有闽广

---

① 鸦青, 一种宝石名称。时适有宝, 值一两三钱, 价三十贯。
② 李根源:《永昌府文征》诗卷九, 引自余定邦、黄重言《中国古籍中有关缅甸资料汇编》下册, 中华书局, 2002 年版第 1430 页。
③ 檀萃:《滇海虞衡志》卷二, 丛书集成初编本。引自余定邦、黄重言《中国古籍中有关缅甸资料汇编》下册, 中华书局, 2002 年版第 1093 页。

一带的大批商人也聚居于此，从事盐棉贸易。

除了陆路以外，明朝时期中缅之间的海上贸易也很发达。明朝航海家郑和（1371—1433）先后7次下西洋，虽未到过缅甸，但航船沿着缅甸海岸线航行，对缅甸产生了很大影响。在《郑和航海图》中，曾提到下缅甸的"落坑"（今仰光）、"八都马"（今莫塔马）、"打歪"（今土瓦）、"答那思里"（今丹那沙林）等海港城市的名称，说明明朝中国东南沿海与下缅甸之间已经进行频繁的海上贸易。明人朱孟震在《西南夷风土记》中写道："自（白）古江船不可数，高者四五丈，长至二十丈，大桅巨缆，周围走廊。常载铜铁瓷器往来，亦闽广海船也欤。"[1] 我国已故陶瓷专家陈万里在《中国青瓷史略》中说："自13世纪80年代至15世纪40年代，这150年间，福建的泉州为当时世界最大的贸易港之一。我国青瓷从泉州港大量运到缅甸的马达班湾（今莫塔马湾）的毛淡棉。马达班湾是东西海上交通的运转中心。中国瓷器因为要在这里大量转运出口，也有在当地仿制的，所以称为麻尔拔里（Martabanri），亦即马达班（Martaban）瓷器，行销缅甸全国，还转运到东南亚各国，享有极高声誉。"[2] 据1915年缅甸考古调查报告说，在缅甸勃生河口曾发现15世纪明朝的瓷器，被认为是珍贵的文物，就是一个很好的证明。缅华文化界知名人士黄绰卿在《华侨的海上贸易》中写道："据丹老和勃生两地的瓷器出土和

---

① 朱孟震：《西南夷风土记·序》，丛书集成初编本。引自余定邦、黄重言《中国古籍中有关缅甸资料汇编》上册，中华书局，2002年版第354页。
② 陈万里：《中国青瓷史略》，上海人民出版社，1956年版第52～53页。

缅史记载，初期的中缅贸易以瓷器、丝绸为多。在十六世纪葡萄牙侵入缅南后，中国的瓷器、丝绸、茶叶和香料，便通过马达班这个商站而输入欧洲。"[①]刘綎的《西南夷风土记》中说："常载铜铁瓷器往来，亦闽广海船也"。

毛淡棉街景

（八）明朝我国学者记载缅甸的文献

明朝时期，我国古籍关于记叙和介绍缅甸的书籍有《明史》《明实录》《明会典》《明会要》《百夷传》《四夷馆考》《使缅录》《南夷书》《万历武功录》《缅略》《西南夷风土记》等。《明史》和《明实录》中记载了我国同缅甸的官方往来；《百夷传》介绍了十四世纪末我国云南边境少数民族的历史、社会状况以及

---

① 郑祥鹏：《黄绰卿诗文选》，中国华侨出版社，1990 年版第 44 页。

缅甸人的日常生活、衣着以及饮食习惯等；《四夷馆考》记载了
四夷馆教师以及官职情况。值得一提的是，明朝万历年间进士包
见捷撰写的《缅略》。这是一本中缅关系简史。书中介绍了我国
从汉朝到明朝万历年间中缅两国的交往概况，包括使者往来和武
装冲突等。明朝期间，还有一本著作值得一读，那就是刘綎的《西
南夷风土记》。刘綎曾随从军队进入缅甸，这本书可以说是他在
缅甸的见闻实录。书的内容十分丰富，记载了缅甸的自然地理、
时令气候、饮食起居、家庭婚姻、草木鸟兽、风俗礼节等各方面
的情况，是一本难得的全面介绍缅甸的书籍。书中对缅甸人的生
活情况记载得非常详细具体："风气，四时皆热，五六月，水如沸汤，
石若烁金，摆古虽无瘴而热尤甚。""山多巨材，皆长至数百尺，
木至四五十围者。""鸟视中国之所无者，鹦鹉、孔雀；兽视中
国之所无者，象也。""女多男少，盖西南坤极也。贫者亦数妻，
富者亦数十，官舍目把，动以百计。""缅人男女，自生下不剃
头发，以白布缠之。""男子皆黥其下体成文，以别贵贱。部夷
黥至腿，目把黥至腰，土官黥至乳。涂体男以旃檀，女以郁金，
谓极黄为美。""饮食蒸煮炙煿，多与中国同，亦精洁可食。酒
则烧酒，茶则谷茶，饭以手搏而啗之。""所居皆竹楼，人处楼上，
畜产居下，苫盖皆茅茨。""自蛮莫之外，一岁两获，冬种春收，
夏作秋成。孟密以上，犹用犁耕栽插，以下为靶泥撒种，其耕尤易，
盖土地肥腴故也。凡田地近人烟者，十垦其二三，去村寨稍远者，
则迥然皆狂旷土。""男耕稼，女织纴，土地肥饶，米谷、木棉
皆贱，故夷中无饥寒告伐者。男反好闲，女顾劳力，治外负载贸

易，以瞻其夫。""贸易多妇女，无斗升秤尺，度用手，量用笋，以四十两为一载。论两不论斤，故用等而不用称。以铜为珠，如大豆，数而用之，若中国之使钱也。""至摆古、等温城，每日中为市，市之周围，亦有走廊三千余间，以避天雨。""俗尚佛教，寺塔遍村落，且极壮丽。自缅甸以上，惟事诵经，俗不杀牲"。《西南夷风土记》的出版对于中缅民心相通具有重要补益。

刘綎在《西南夷风土记》中还说：摆古"三宣六慰，皆奉天朝正朔。摆古无历，惟数甲子，今已窃听于六慰，颇知旬朔矣"。说明明朝时中国历法已经传入缅甸，缅甸人使用中国的历法纪年。

七、清朝中缅文化交流

公元 1644 年，明朝灭亡，清朝建立。清朝建立之初，缅甸仍然是东吁王朝统治时期。当时，由于东吁王朝常年穷兵黩武，国力衰败，迅速走向衰落，国内阶级矛盾激化，对外活动减少。而刚刚建立的清朝，正忙于巩固自己的统治地位，无暇他顾。因此，该时期，清朝与缅甸的交往较少。

（一）清朝与缅甸建立正常外交关系

乾隆十三年（1748）、乾隆十四年（1749），缅甸连续两年请求遣使进贡，均被清朝拒绝。乾隆十五年七月（1750），"缅甸初次奉表称臣纳贡"，得到了清高宗的批准。乾隆十六年六月（1751），缅甸东吁王朝摩哈德玛亚扎底勃帝（旧译摩诃陀摩耶沙底波帝）派遣的使臣抵达北京。六月二十五日，清高宗在太和殿"受缅甸国使臣朝贺"。缅使礼物有：毡缎四、缅布十有二、驯象十。清朝回赠的礼物有：蟒缎、锦缎各六匹，闪缎八匹，青蓝彩缎、蓝缎、绅、纱、罗各十匹，清高宗亲笔"瑞辑西琛"匾额一方，青白玉玩器六件，玻璃器十五种共二十九件，松花石砚二方，瓷器九种共五十四件，珐琅鑪瓶一副，内库缎二十匹。回赠给王妃的礼品有：织金缎，织金纱、织金罗各四匹，缎、纱、罗各六匹。送给使者的礼物有：彩缎六匹、裹罗四、纺织绢各二匹、内库缎八匹、银二两。"缅目"四人，每人赠送彩缎三匹、裹绢一匹、毛青布六匹。"象奴"十九人，"缅役"十四人，各送毛青布六匹。七月二十一日，缅使希里觉填及其一行完成出使任务后离京。这是清朝建立初期与缅甸东吁王朝之间的首次官方往来，清朝政府对缅方使节给予了友好接待，赠送了很多礼物，清朝政府与缅甸东吁王朝建立了正常的外交关系。

（二）南明桂王缅甸避难与华侨社会形成

在整个清朝统治期间，中缅两国的友好关系和文化交流的内部和外部环境都发生了很大的变化，影响中缅文化交流的大事件主要有3件。其一，南明桂王朱由榔逃亡缅甸避难；其二，长达7年的清缅战争；其三，缅甸沦为英国的殖民地，成为殖民地国家。

中国沦为西方列强的半殖民地，成为半殖民地、半封建国家。上述 3 件大事，对于中缅文化交流都产生了重大影响。南明桂王逃亡缅甸避难，促进了缅华社会的形成，加快了中缅文化交流的步伐；清缅战争的爆发，促进了中缅关系的进步和中缅贸易的发展，加深了中缅两国人民的相互了解；在殖民主义者的铁蹄践踏下，在中缅两国人民的共同努力下，中缅人民之间的胞波友谊又增加了新的内涵，中缅两国之间的友好关系、经贸往来、文化交流在清朝期间都达到了一个前所未有的高度。

南明桂王朱由榔在清军追赶下逃亡缅甸避难，促使成数以千计的中国人遗留缅甸，成为我国旅缅华侨的社会基础。1659 年，南明的末代皇帝桂王朱由榔（即永历帝）遭清军追击，被迫率部入缅避难，"驻跸"于缅甸阿瓦附近的实皆。据记载，随从永历帝入缅的明朝官兵总计有 1478 人，其中 646 人与永历帝一起乘船南下，其余 900 多人乘马 940 匹，经陆路到达阿瓦对岸的实皆屯驻。其间，明朝将领李定国和白文选曾率数万大军几次入缅"救驾"，均未获成功。公元 1661 年，吴三桂亲率大军进抵缅甸阿瓦城下，缅东吁王朝国王惧怕，于 1662 年 1 月 22 日将永历帝及其母亲、妻妾、儿子交给清军，被吴三桂押回昆明，囚永历帝于昆明金禅寺。1662 年 6 月 11 日吴三桂下令将永历帝父子用弓弦勒死于金禅寺。

跟从永历帝入缅的大部分官兵流落在缅甸乡间隐居，不愿回国做"亡国之民"，逐渐定居缅甸。大西军李定国、白文选入缅救驾的士兵，本来拥有"精兵万人"但退回猛良后仅剩 3000 人，除了战死者外，很多人也遗留缅甸。吴三桂率领的大军往返缅甸途中，不少官兵也散落缅甸。以上 3 批人滞留缅甸，逐渐融入缅甸社会，定居缅甸，成为我国早期旅缅华侨，并逐渐形成以"桂家"和"敏家"为首的两个大的群体。① 桂家和敏家成为我国旅缅华侨的基础。

据《缅考》记载："桂家者，江宁人，故永明入缅所遗种也。缅劫永明时，诸人分散驻沙洲，蛮之不遂，谓水至尽漂矣。已而水至洲不没，蛮共神之。百余年生聚日盛，称桂家。兵力强，群蛮畏之。"②

敏家与桂家的情况基本相同。《缅考》中说："时亦有敏（明）家，大抵桂家之与也。"③ 据清朝曹树翘在其所著《滇南杂志》中记载："桂家者，昔无闻。自缅役之兴，滇人争传桂家、敏家，故永明入缅所遗种也。"这也可以证明，桂家和敏家均系永历帝入缅遗留下的人员。

到 18 世纪中期，他们逐渐与上缅甸掸族和下缅甸克伦族相融合。寄居在曼德勒县澳报地区的称"桂家"，西方学者称他们为"桂掸人"。寄居在勃固地区阿温村的称"敏家"，西方学者称他们为"桂克伦人"。因带领他们入缅的是桂王和岷王子，故他们自称"桂家"和"敏家"。桂家人的领袖是宫里雁，敏家人的领袖是吴尚贤。

桂家人与敏家人在缅北主要从事银矿开采和冶炼工作。据孙

---

① 王介南、王全珍：《中缅友好两千年 纪念周恩来总理到德宏四十周年》，德宏民族出版社，1996 年版第 73～75 页。
② 师范：《滇系·典故》第四册，光绪丁亥重刻本。引自余定邦、黄重言《中国古籍中有关缅甸资料汇编》下册，中华书局，2002 年版第 1049 页。
③ 同上。

士毅在《绥缅纪事》中记载："桂家，明永明王（即永历帝）官族子孙，沦于缅，自相署目，据波龙厂采银。"波龙，亦称波顿，缅文为 bow twin，意为银矿，今译包德温银矿。据《清史稿·属国三缅甸》记载："又有波龙者，产银。江西、湖广及云南大理、永昌人出边商贸者甚众。且屯聚波龙以开银为生，常不下数万人。自波龙迤东有茂隆厂，亦产银。"[①]周裕在《从征缅甸日记》中记载，波龙银矿"前为波竜者，有银矿。往时内地贫民至彼采矿者以万计。商贾云集，比屋列肆，俨一大镇"，"且以甲富诸邦称"。[②]

清朝时期，我国的银矿开采技术和冶炼技术通过缅北波龙银矿和茂隆银矿的开采传入缅甸，促进了缅甸的矿业的发展。H.L.奇伯说："可以断定，最迟不晚于 1412 年，中国人就在这里开采了。"[③]据清人王昶在《征缅纪略》中说："江以西为孟拱土司，地出琥珀。江以东为孟密，有宝井，多宝石。又波竜山者产银，是以江西、湖广及云南大理、永昌人出边商贸者甚众。且屯聚波竜，以开银矿为生，常不下千万人。"清人赵翼在《粤滇杂记》中也记载道："彼地人不习烹炼法，故听中国人往采，彼特设官税收而已。大山厂多江西、湖广人。"[④]"岁常有四万人，人岁获利四十金，则岁常有一百余万赍回内地。"

---

① 赵尔巽等：《清史稿·缅甸》，引自余定邦、黄重言《中国古籍有关缅甸资料汇编》中册，中华书局，2002 年版第 437 页。

② 周裕：《从征缅甸日记》，借月山房汇钞本，第七集。引自余定邦、黄重言《中国古籍中有关缅甸资料汇编》下册，中华书局，2002 年版第 1100 页。

③ H. L. Chibber, *The Mineral Resources of Murma* 日译本第 16 页。转引自周一良《中外文化交流史》，河南人民出版社，1987 年版第 29 页。

④ 转引自周一良《中外文化交流史》，河南人民出版社，1987 年版第 29 页。

桂家人除了在缅北波龙开采银矿外，还辗转定居到缅甸勃固一带，居住在勃固一带的农村，从事农耕，把中国的农耕技术带到缅甸，促进了缅甸农业的发展。清人曹树翘在其著《清南杂志》中写道："白古，一曰百古……土极沃肥，倍于他壤，收获长丰。然其俗聚族筏居，仰商贾之利以饶给，不事耕，故沃土成为旷土。近时滇人贾缅，有至其地者，则颇多村居。见滇客则惊喜，曰吾老家人也，延至其家饮食之。村中闻有老家人至，各相招具馔，黄发垂发争以得见老家人为乐。问其何以至此，则曰：'传之故老，皆曰吾辈数千人从桂家至此，见地广无居人，分散居之。此间乐，不复思老家。'然见老家人来，辄相爱留数日，始听客去，他客至，亦如是，滇人因知白古有桂家。"[1]

桂家和敏家保留了不少汉族的风俗习惯。据缅甸百科全书记载，每一个桂家村落都有一间神庙和一尊佛像，神庙中有汉字记载。桂家人不信奉佛教，每月初一、十五敬神。人死后与缅甸人不同，不用火葬，用土葬。有钱人家还用金银首饰陪葬。父母死后，由儿子继承财产，女儿没有继承权。但是这些汉人的风俗习惯在汉缅通婚后伴随着中缅文化的交融，无论是汉人还是缅人的风俗习惯都在一定程度上发生了变化，华人和缅人都学会了尊重和适应对方文化习俗，遵循对方习惯。在缅甸的桂家和敏家，从事缅甸的农业耕种，促进了缅甸农业的发展；从事缅甸银矿的开发和冶炼，促进了缅甸的矿业的开发。与此同时，桂家人和敏家人还和缅甸

---

[1] 曹树翘：《滇南杂志》卷一七，申报馆排印本，引自余定邦、黄重言《中国古籍中有关缅甸资料汇编》下册，中华书局，2002年版第1095～1096页。

人打成一片，参加了反对贡榜王朝统治的斗争。南明朱由榔缅甸避难，促成桂家人和敏家人族群的形成，桂家人和敏家人，奠定了我国旅缅华侨的社会基础，为缅甸的工业和农业的发展，为缅甸社会的进步，为中缅友谊的加深做出了贡献。

（三）清缅战争与中缅文化交流

1752 年，缅族头目阿朗帕耶第三次统一了缅甸，建立了最后一个缅甸封建王朝贡榜王朝（旧译雍籍牙王朝）。贡榜王朝是缅甸封建社会发展的鼎盛时期，或者说是缅甸封建社会的成熟期。至第三代国王辛骠信王（旧译孟驳王）时期，国势日益强盛，对外扩张，不断侵犯我国云南车里、孟连、耿马、西双版纳等地，并且强行征税，强迫我云南掸族土司向其交纳贡物，造成边境不宁，导致清廷震怒，遂爆发了清缅战争。

纵观这场中缅战争，大致分为 3 个阶段。第一阶段从 1762 年缅军开始骚扰我国边境地区，焚掠耿马，入扰孟连和车里，到 1766 年云南巡抚刘藻自杀。在这一阶段中，双方武装冲突规模不大，战场也只限边境地区，经清朝军队反击，边境地区的局势基本安定。

第二阶段，是从云贵总督杨应琚乾隆三十一年四月到滇，至乾隆三十三年二月总督明瑞战死。该时期，杨应琚兵败，被革职查办，避暑山庄赐死。明瑞孤军深入，遭到惨败，出师不利。

第三阶段，是从乾隆三十三年四月到乾隆三十四年十一月。该阶段，傅恒赴滇统领清朝军队与缅军作战，一直到缅军退守老

傅恒画像

官屯，清军久攻不下，双方在老官屯相持，最后由于交战双方各自的困难，签订了"老官屯协议"，决定议和休兵，清军从缅甸撤军。

这场清缅战争耗时费力，从1762年11月开始，到1769年11月止，断断续续总共进行了7年之久。在这次战争中，清朝3次征缅，先后任命云南巡抚刘藻、云贵总督杨应琚、伊犁将军明瑞、大学士傅恒为主帅，征兵8万，4次换帅，耗银1100余万两，双方损失惨重，互有战俘，直到1769年才在老官屯议和罢兵。这场战争是中缅双方围绕着边境地区领土控制权展开的一场战争。缅甸是侵犯者，清朝属于自卫反击，双方从边境冲突演变为主力对决，旷日持久，两败俱伤，最后缅方求和，清缅双方在老官屯和谈。在11月15日的谈判中，清朝提督哈国兴在和谈中说："我们天朝只讲礼。你们须照古礼进表进贡，永不犯我天朝边境，所有留在你们那里的人都要送出来，就要这三件事情。"次日，缅方官员告诉哈国兴："这三件事，我们的大头目都应允了。"1769年11月17日，缅方14人，中方13人共同达成了文字协议。11月8日，缅甸派人来到清军大营，送来洋锦、洋呢、洋布等礼物。19日送来

180人，又送来洋锦、洋呢、洋布、盐、鱼、菜、茶、烟、糖等礼物180担。傅恒以绸缎、银牌回赠给缅甸官员。20日，傅恒下令焚舟，熔炮，开始撤兵，长达7年的清缅战争终告结束。

清缅战争促进了中缅友好关系的发展，促进了中缅贸易的扩大，促进了中缅文化交流。清缅战争结束以后，中缅友好关系得到迅速恢复和发展，并达到了前所未有的高潮。尤其是1782年，缅甸波道帕耶王登基以后，重视发展本国经济，改善同邻国的关系，主动与中国修好，使中缅关系得到重建和发展，并于1787年派遣100多人的使团向清廷进贡。缅方的贡品有金叶表文、金塔座、八头驯象、象牙、檀香、宝石、金箔、洋布、漆盒、大呢、绒毡等。乾隆帝令内府演奏缅乐以示欢迎，并赐佛像、文绮珍玩器皿。1790年，缅甸波道帕耶王还遣使前来中国，遣使便居末陀等人出使清朝的任务有三项：一是"叩祝万寿"，二是"恳请敕赏封号"，三是"求开腾越关禁，俾通市交易"。缅方使节带来的礼品有："金叶表文一道，驯象六只，奇异花象一只，长寿圣佛一尊，万寿佛经一部，红、黄檀香四十筒，象牙五对，缅布八十匹，孔雀十对，缅锦四十匹，红呢三板等土产"。缅使参加了乾隆帝的八十大寿庆典。清高宗多次接见缅使，先后三次赠送给缅甸国王阿朗帕耶王礼物。第一次有玉佛、玉如意、金镶玉亭各一件；第二次有御书扇一把，茶叶两瓶；第三次有内库缎二十四、玉器六件、石砚一方、玻璃器二十九件、珐琅罏瓶一个、各种瓷器五十四件。乾隆帝封波道帕耶王为缅甸国王，赐敕书信及御制诗章，珍珠手串，定十年一贡。此后，缅甸国王基本上遵循十年一贡的定例，按时进贡。据清朝史籍记载，缅方于乾隆五十六年、乾隆五十八年、乾隆六十年、嘉庆元年、嘉庆五年、嘉庆十一年、嘉庆十五年、嘉庆十六年、道光三年等多次遣使朝贡清朝。1795 年（乾隆六十年），据《清史稿》记载："缅王遣使祝厘，进缅石长寿佛、贝叶缅字经、福字灯、金海螺、银海螺、金镶缅刀、金柄尘尾、黄锻伞、贴金象轿、洋枪、马鞍、象牙、犀角、孔雀、木化石、玄猴皮、各色呢、各色花布、都十有八种。"[1] 清缅战争结束以后，中缅关系得到进一步改善。据缅甸历史学家波巴信在缅甸史中说："自从中缅战争结束以后，在整个雍籍王朝期间，中国对缅甸的关系，一直十分尊重，把缅甸当作一个平等的国家。"道光三年（1823），缅甸巴基道王在新都阿瓦接见了清朝道光皇帝的特使杨大老爷和杨绅爷，使中缅友好关系达到高峰。1824 年，缅甸贡榜王朝著名诗人那瓦德创作长篇叙事诗《华使莅缅记》，对这次中国使节访缅作了详细的描述。

　　清缅战争结束以后，中缅友好关系迅速恢复，缅甸按时进贡，即使在英国殖民统治期间，缅甸也曾于 1824 年、1834 年、1844 年，先后 3 次遣使到北京朝贡。1884 年，在缅甸全国即将沦为英国帝国主义殖民地的前一年，缅甸最后一位国王锡袍王还没有忘记向清朝进贡，派出使者向清朝进贡 8 头大象。在此期间，清朝也先后于 1787 年、1790 年、1795 年、1796 年、1822 年、1833 年和 1842 年遣使访问缅甸，并赠送人参、帛、锦缎、地毯、瓷器等

---

[1]　赵尔巽等：《清史稿·缅甸》，引自余定邦、黄重言《中国古籍中有关缅甸资料汇编》中册，中华书局，2002 年版第 455 页。

珍贵礼品。值得一提的是，礼品中还包括有一颗佛牙舍利，现供奉缅甸敏贡佛塔中。

由此可见，清缅战争以后，中缅之间的关系不但和好如初，还进一步向前发展，无论在使节互相往来，还是在交换礼品方面，都创造了历史上的新纪录。中缅之间的使节访问次数、贸易额，以及赠送的礼品数量和品种都更加丰富。如缅石长寿佛（玉佛）、贝叶缅字经、木化石等都是新增加的品种。这些礼品现在珍藏在福州的涌泉寺、北京西山八大处灵光寺、北京团城承光殿、上海玉佛寺以及南京栖霞寺、北京故宫博物院等处。中国赠送的礼品，如乾隆御制诗章、珍珠手串、重十磅的 "缅甸国王" 金印同样非常珍贵，被缅甸人视为国宝。

（四）反法西斯战争与中缅友谊

进入 19 世纪 90 年代，中国经过鸦片战争，沦为半殖民地、半封建国家。英国通过先后 3 次侵缅战争，把整个缅甸变为自己的殖民地，中缅之间的文化交流和贸易环境又发生了新的变化。

1824 年 1 月，缅军将领班杜拉出任阿拉干总督，立刻派出军队驱逐了在内夫河口的英军，占领了该岛。英印总督阿姆赫斯立即宣布 "为了维护英国政府的权利和荣誉" 正式对缅宣战。这是第一次英国侵缅战争，缅甸战败，于 1826 年 2 月 24 日，签署了丧权辱国的杨达波条约。根据这项条约，缅甸在第一次英缅战争结束以后，将阿拉干（若开邦）和丹那沙林（德林达依省）割让给英国。

第二次英缅战争发生在 1852 年 4 月 1 日。英国人借口仰光港口发生的事件，对缅甸不宣而战，发动了第二次侵缅战争。在这场战争中，缅甸丧失了整个下缅甸，下缅甸沦为英国的殖民地，缅甸仅剩下半壁江山。

第三次侵缅战争发生在 1885 年，英国人攻占了缅甸京都曼德勒，俘虏缅甸最后一位国王锡袍王，并将其流放到印度，占领了缅甸全国。从 1886 年 1 月 1 日起，缅甸全国沦为英国的殖民地。

英国侵占缅甸，打断了中缅两国历史上传统的友好交往，严重影响了中缅两国的贸易往来和文化交流与合作的发展。但是在半殖民地和殖民地统治的日子里，处在水深火热之中的中缅两国人民，在共同的反殖斗争中，互相同情，相互支援，同仇敌忾，患难与共，为争取民族解放和民族独立，进行了不屈不挠的斗争，结下了深厚的战斗友谊，使传统的胞波友谊绽放了新的花朵。

当 1885 年英国攻占缅甸首都曼德勒，

锡袍王，摄于 1880 年左右

掳走缅甸最后的国王锡袍王，宣布缅甸为英国的殖民地以后，我国人民义愤填膺，坚决反对英国占领缅甸，声援缅甸人民反抗英国殖民主义。清政府也多次派人与英国交涉，向英国政府提出抗议。缅甸人民不满在英国的铁蹄下生活，开展长期的反英斗争，牵制了英国侵犯我国云南边境的野心，有力地支援了我国人民反对殖民主义争取民族解放的斗争。云南腾越都司副将袁善在听到英军占领缅甸以后，"招募丁壮，制造衣甲，意欲经赴缅甸"。缅北温佐土司率领的起义队伍被英军包围，被迫逃入中国境内，中国人民给予必要的帮助和友好接待。云南腾越都司副将李文秀率部支援缅甸人民的抗英斗争，同缅甸人民一起坚守城池一个多月，最后中弹牺牲，其所率500多人也全部阵亡在缅甸的国土上，为缅甸人民的反对殖民主义争取民族独立斗争流尽了最后一滴血。

1906年，缅甸成立了缅甸佛教青年会，这是一个由一批青年知识分子组成的爱国进步组织。它的宗旨是：为促进民族语言、宗教和教育的发展而努力。一些华侨也参与其中，成为这个组织的成员。华商吴明发参加了缅甸佛教青年协会和缅甸人民团体总会，并且担任进步报纸《太阳报》的编辑。1920年，华侨李明清同缅甸人一道，开展反英武装斗争，一度收复缅北许多重要城镇。侨商吴阿喜，则从财力、物力方面给仰光大学的学生爱国运动以有力支持。华侨张成清，中国同盟会会员，撰写缅甸亡国史，控诉英国殖民主义对缅甸的侵略，惨遭英国当局杀害。他在《缅甸亡国史》序言中写道："鄙人辑缅甸史，意欲藉朱波过去之惨状，作中夏未来之明镜。"

　　吴欧德玛是一位热爱祖国、反对侵略的著名缅甸高僧，他投身到缅甸民族解放运动的洪流中，到处演讲，号召缅甸人民参加缅甸独立斗争。他先后 3 次被捕入狱，圆寂于狱中，为缅甸的独立运动献出了宝贵的生命。吴欧德玛高僧在日本东京任教期间，与孙中山先生交往密切，彼此建立了深厚的友谊。孙中山先生邀请吴欧德玛高僧到我国访问。高僧在回国后的演讲中指出，华侨和缅甸人民是亲兄弟，中缅两国人民是亲兄弟，大家要团结起来，进行斗争。1925 年孙中山先生逝世时，吴欧德玛高僧亲自来华参加孙中山先生的葬礼。

　　疆括是缅甸王孙。1885 年 11 月，英国攻占曼德勒时，疆括才 18 岁。他义愤填膺，举兵数万，在缅北坚持斗争 4 年，终因装备悬殊，惨败逃往中国避难。中国政府和人民友好接待了疆括及其军队，给予各方面的照顾，包括衣食住行和费用资助，同时为其提供安全保护。当疆括从云南南甸搬家至腾冲时，中国政府还给予搬家费用 1000 元，同时每年资助 1000 元作为生活零用，充分体现了中缅两国人民的胞波友谊。疆括最后病故于芒市。他给孙子的遗言是："勿忘缅甸，勿忘中国。缅甸之光复，全赖中国之救助。余死后，尔等之生活费用，中国当可继续赐予。希努力图强，勿为英人所惑。"疆括，作为缅甸贡榜王朝敏东王之嫡长孙从 1890 年来到中国云南避难，到 1947 年疆括孙子莽德雅携家眷离开云南芒市回国，前前后后经历了 58 个年头，他在云南的故事成为中缅友谊史上的一段佳话。中缅两国人民在反帝反殖斗争中紧密团结、互相支持的事例不胜枚举。

中国两国人民在殖民统治时期的共同遭遇以及在反帝反殖反对日本法西斯的斗争中建立起来的友谊，是真诚的，是用血肉凝成的，是牢不可破的。它加强了中缅两国人民的相互信任，促进了中缅两国的贸易往来。纵观整个清朝时期，尽管有英国殖民主义的阻挠和破坏，但是中缅两国无论是陆路贸易，还是海上贸易都得到了高速发展，于19世纪初达到了古代中缅贸易的最鼎盛时期。

（五）清朝中缅贸易盛况空前

清缅战争结束以后，中缅贸易得到快速发展。在缅方的请求下，清高宗诏令："至该国自禁止通商以来，需用中国物件，无从购觅。而该国所产棉花等物，亦不能进关销售。今既隶称藩，列于属国，应准其照旧开关通市，以资远夷生计。"从乾隆五十五年六月初一开始，滇缅边境重新开关通市。中国的丝绸、纸张、针线，缅甸产的棉花经过中缅边境进行贸易，互为所需。中缅两国重新开关通市以后，骡马运货的商队又重新活跃在滇缅古商道上。从云南输往缅甸的货物有铜锣、铁锅、绸缎、毡布、瓷器、茶、烟、黄丝、针线等。从缅甸输入的货物有珀玉、棉花、象牙、鱼、盐等。互惠开关贸易，不仅有益于中缅两国人民的生计，同时也进一步加深了中缅两国人民的友好关系。

中缅陆路贸易，在清朝初期，两国分别在边境上设置关卡，征收过境税，使贸易走向正规。中缅两国的陆路贸易除清缅战争时期外，一直长盛不衰，十分活跃。尤其是中缅通关互市以后，往来客商不断，商品品种大增，交易场面异常热闹。滇侨使用大木船把四川的生丝、云南茶叶、广东丝绸、棉布、针线、五色纸、干果、烧酒和石黄等商品运往缅甸，将缅甸的棉花、白盐、燕窝、鹿茸、翠玉、琥珀、宝石、羽毛、黑漆等运往中国。当时最著名的是行进在中缅商道上的马帮商队。据英国历史学家霍尔说："17 世纪中叶，中国丝绸及其他商品已大量由陆路运往缅甸，商队的牛车多至三四百辆，驮运的骡马多达两千匹……"①英国人史古特说："从中国到巴莫被称为使节之路的国际通道上，有从中国来的庞大的托运商队数千骡马、数百劳工和许多身穿绸衣、骑着良马的商人。"

　　清朝时期，中缅之间的海上贸易也达到了一个新阶段。从清初至 19 世纪末，仍然以帆船贸易为主。从我国广东、福建往来于缅甸的商船络绎不绝。粤帮的帆船大都冠有"广"字，大都漆朱红色，被称为"红头船"。粤邦的红头船运输行有广悦兴船、广和兴船、广悦和船、广衡昌船、广连昌船、广源船等。闽邦的船冠有"金"字，一般漆成青色，故称"青头船"。青头船的运输行有金棉瑞船、金振成船、金荣源船、金协德船、金和发船、金万发船等。闽帮的船还经常以船主的居地冠名，如夏舟（厦门船行）、屿舟（槟榔屿船行）等。这些冠有广字的红头船和冠有金字的青头船来往穿梭于中缅之间，把中国的丝绸、绸布、瓷器、茶叶从中国东南沿海运到下缅甸，深受缅甸人民的喜爱。缅甸人特别喜

---

① 王介南、王全珍：《中缅友好两千年　纪念周恩来总理到德宏四十周年》，德宏民族出版社，1996 年版第 80 页。

欢中国的丝绸产品，从海陆运到缅甸的广东产丝绸畅销下缅甸以及缅北地区。缅甸瑞冒的《大鼓词》中有一句台词说："我的郎啊，你因什么事到京城去呢？"夫君回答道："我到京城去是为了购买广东产的缨子和斜纹绸啊！"由此，中国丝绸在缅甸受欢迎的程度可见一斑。从下缅甸运回的商品有虫胶、儿茶、鱼胶、燕窝等。中国的帆船一般不超过50吨，往来于中国东岸沿海港口到缅甸毛淡棉、丹老、土瓦、仰光、勃生等港口之间，也抵达槟榔屿、新加坡、马六甲、吧城、巨港、三宝垄等港口，为中缅贸易，也为中国与其他东南亚国家之间的贸易做出了积极的贡献。

清朝时期，棉花仍然是中国从缅甸输入的第一大宗商品，缅甸玉石是第二大宗商品。英国人西姆施在他写的《1795年出使阿瓦记》中写道："在缅甸首都与中国云南之间存在着广泛的贸易，从阿瓦输出的主要商品是棉花。……沿伊洛瓦底江运到巴莫，同中国商人交换商品，后者沿水陆两路把棉花运入中国。"[1]据英国人克劳福特估计，"19世纪20年代从缅甸每年运入中国云南的棉花价值达22.8万英镑，数量不下500万公斤"。[2]另据中国学者赵松乔估计，"1826年缅甸由陆路输往中国的棉花即达700万公斤。"[3]同时期，除了棉花以外，玉石也是中缅贸易的主要商品。中国不但是缅甸棉花的主要买主，也是缅甸玉石的主要买主。1872年，清朝为了给同治皇帝筹备婚礼，曾派人到缅甸大量采购玉石，使

---

① 王介南、王全珍：《中缅友好两千年 纪念周恩来总理到德宏四十周年》，德宏民族出版社，1996年版第81页。
② 同上。
③ 同上。

缅甸玉石更加名声大振，享誉中外。以前，中国购买的缅甸玉石，都是由滇商从产地运往对面的云南腾冲，加工以后，再由云南运往广东等全国各地出售。但是，从 1861 年开始，旅居下缅甸的粤籍商人来到上缅甸曼德勒，在市场上购买了很多玉石，通过水路运往中国东南沿海地区出售，利润大增。从此，大批粤籍华侨便纷纷前往曼德勒，开设玉石收购站，收购玉石。缅甸孟拱产的玉石除了将最好的玉石原料贡献给缅甸国王外，其余几乎全部卖给中国客商，运回中国进行加工出售。清朝康熙年间，粤籍宝石商开始往北京运送和出售缅甸翡翠，一时间佩戴、把玩缅甸翡翠物件成为京城时尚。曾经担任过云贵总督、乾隆年间进士的阮元曾经写有一首《翡翠玉效乐天乐府》诗，盛赞当时翡翠买卖的盛况。诗中写道：

阮元画像

古有骠国乐，今有骠国玉；

朝廷不宝之，此玉入流俗。

色不尚自清，所贵惟在绿；

炫以翡翠名，利欲共相助。

佳者比黄金，价更倍五六；

滇关驮玉来，粗皮皆碌碌。

　　……

　　若得绿一拳，即能润其屋；

　　……

　　19 世纪 80 年代以后，下缅甸港口与我国东南沿海地区的海上贸易已经超过了滇缅之间的贸易。据 1886 年王荣和、余璀受命访查仰光回来后报告："华商、华工在仰光者三万余人，闽商居三分之一，生意较大，粤人虽多而生意次之。"1891 年 4 月，中国驻德使馆随员姚文栋到仰光。他看到：仰光"闽商粤商都在海口，约有万人。滇商散布于沿江及山中各埠，几与缅商相埒，约在十万人"，"华人在仰光设立行栈，仅三四十年，开埠最后，且迭经兵燹，生理艰辛，非印度各埠可比"。驻英使臣薛福成致书总理衙门，建议在仰光设领护侨。他在书中说："查英属仰江一埠，亦号为南缅甸，华商不下五六万人。"我国旅缅华侨的侨务和商务的增多，华侨在海外受到欺凌，促使清政府考虑在缅甸仰光设立领事馆事宜。1907 年 9 月，《云南》杂志刊登了《驻缅华侨无领事之苦》的文章，要求清朝政府在仰光设立领事馆。文章说："我国驻缅商人已十万有余，滇人居多数，粤人次之，闽人又次之。交通商业，已数十年，而政府竟冥然罔觉，未闻有领事之派遣。近来英人税役日繁，华商被其苛虐，呻吟憔悴，冤抑无所诉者不知凡几。" 中缅间贸易的快速发展，促使清朝政府考虑设立专门机构管理中缅贸易。为了加强管理中缅之间日益繁荣昌盛的贸易，也为了管理好华商事务，在民众的呼吁下，于 1909 年 1 月，清朝政府驻仰光领事馆正式开馆，原江苏候补道欧阳庚为清朝驻缅领事。

（六）清朝中缅文化交流进入高潮

清缅战争不仅使得中缅贸易关系得到进一步发展，同时也促进了中缅之间的文化交流。战争期间，中国随军入缅的文职人员，将其在缅所见所闻写成书籍出版，记述了这场战争的经过，同时也描述了缅甸的政治、经济、军事、法律以及劳动人民的真实生活状况，使我国人民加深了对缅甸以及缅甸人民的认识和了解。清缅战争结束以后，周裕撰写了《从征缅甸日记》，王昶撰写了《征缅纪闻》和《征缅纪略》，傅显出版了《缅甸琐记》，赵翼撰写了《平定缅甸述略》等书籍。这些书籍对缅甸的人文地理、社会风貌、兵制法律、缅甸的出产、华侨的开矿与生活都有比较详细的记载和介绍，促进了中缅两国人民的民心相通和文化交流。

清朝时期，中缅两国文化交流进入高潮时期。我国旅缅华侨在促进清朝中缅文化交流方面发挥了重要作用。清缅战争结束以后，几千中方战俘滞留缅甸，成为我国旅缅华侨，加上南明朱由榔缅甸避难遗留缅甸的随从、大西军散落的士兵、开采银矿或者从事农业种植的桂家人和敏家人，使得我国旅缅华侨人数大幅增加。此外，明末清初时，中国南方省份，如闽粤等省份的贫苦农民，由于自然灾害等生活所迫，被迫"走夷方"，穿山越岭，通过陆路，或者被当作契约华工通过海陆赴缅，寻找生路，逐渐定居在地广人稀的缅甸，也成为旅缅华侨。曾广庇，厦门人，1848年生，14岁赴缅打工，"二十余载获资三千金"，娶缅女为妻，定居仰光。杨本铭、杨九婴、杨本假等人也在这一时期携亲友赴仰光经营粮食加工业，开设碾米厂。从缅甸独立以前至独立初期，缅甸的碾米厂绝大部分都是我旅缅华侨开设的。清朝时期，我国从广州和潮汕以及厦门、同安等地前往缅甸的华人日益增多，缅甸华侨文化名人黄绰卿、著名华侨庄银安、徐赞周、杜文昆、张永福、曾顺续、陈四标、林振宗、杨子贞、丘厪竞等，先后在缅甸谋生，经营产业，成为华侨名人。据清政府外务部估计："缅之华商十余万，滇属多数，闽粤次之。阿瓦约七八万，滇商三万余。"据《乘庵文集》"复议设阿瓦领事电"称："调查阿瓦城外姐旧汉人二街，闽粤滇各有会馆，华人约万余，曲巷不与焉。阿瓦东之腊戌锡卜二处，平时约共二万，冬季可三万，阿瓦南之缅泽，闽人侨者千余，各村寨种棉之滇人五千余，又南之别缪（卑谬）至仰光，华人侨居者约万余，阿瓦之西，由瑞波至孟拱各处平时约万人，冬则集玉石厂可二万余。阿瓦之北，红宝石厂及八暮汉人街，华人商者工者约万二三千。"18世纪末19世纪初，许多滇籍商人旅缅做生意，天长日久，在缅甸北部重镇巴莫、孟拱形成了华侨聚居的街区，成为在缅甸境内的"中国城"。清朝时期，我国旅缅华侨社会基本形成。

清朝时期，我国旅缅华侨在缅甸全国各地修建了许多观音山、观音寺、武侯祠、关帝庙、妈祖庙，塑造了多尊观音菩萨神像、武侯神像、妈祖神像和关帝神像，把中国的建筑艺术传入缅甸。缅甸贡榜王朝首都曼德勒的皇宫是由中国云南旅缅华侨尹蓉负责设计和建造的，有很多地方与北京的故宫相似。皇宫中的御花园设计与中国的御花园几乎一模一样，被称为"德由物茵"（意为中国花园）。尹蓉还在曼德勒建过一座完全是中国建筑风格的云南会馆，该会馆是仿造云南和顺乡中天寺宫殿兴建的。除了曼德勒皇宫外，遍布缅甸各地的中国寺庙，如阿瓦观音寺、巴莫关武庙、孟拱关帝庙、腊戍观音寺、彬吴伦天然宫、东枝中华寺、仰光观音古庙、观音山、武帝庙等30多座中国寺庙也都是中国式的建筑。中国建筑中的百叶窗被广泛应用在缅甸的建筑中。缅甸人称之为"德由伽"（意即中国的百叶窗）。这种百叶窗很适合缅甸的气候，张开可以通风透光，闭合可以避日防雨，非常适合缅甸，深受缅甸人民的欢迎，从古代到现代，在缅甸的传统木质结构的建筑中基本都安装百叶窗。为了商业和联谊的需要，缅北滇商华侨在缅

曼德勒佛山与皇宫城墙、护城河

北建有两大庙宇，一是阿摩罗补罗观音寺，二是巴莫的关帝庙。
阿摩罗补罗观音寺初建于乾隆末年，重建于1846年。寺内供奉着
一尊巨大的白玉观音像，并有一副对联，是康有为在戊戌政变以
后1902年来缅甸时所题。对联的上联是："把袂尽同乡，会比龙华，
恰逢人海无争，佛天皆息。"下联是："驱车来异域，迹留鸿爪，
常记三生缘旧，一宿情深。"巴莫关帝庙与阿摩罗补罗观音寺很
相似，始建于1806年。滇侨以忠义为团结的信条，在关帝庙内进
行交易活动。当时，在缅甸南部也有四大庙宇，它们是丹老太后宫、
仰光广东观音古庙、勃生三圣宫和仰光庆福宫。丹老天后宫是华
侨船户捐资修建的。宫内供奉着妈祖神像。仰光广东观音古庙19
世纪中始建，木结构，后毁于火灾。1864年重建，为砖石结构。

仰光观音古庙

1887 年重修时，闽侨商号送金漆雕花对联一副。上联是"佛原作士，音亦能观，广锡洪恩隆粤峤"，下联是"广济众生，功参列圣，咸沾渥泽颂闽邦"。勃生三圣宫，1855 年由旅居勃生的粤侨所建，内有观音菩萨、天后元君和关圣帝神像，并有一对联。上联为："广被慈云，睹兹宝座辉煌，万古神灵光北省（勃生）；东来紫气，瞻比庙堂焕彩，千秋德泽播南洋"。仰光庆福宫，始建于 1861 年，初建为木结构。1897 年，重建为砖石结构。清朝时期，我国旅缅华侨把中国人民信仰文化、建筑文化、建筑艺术、建筑风格带入缅甸，为加强中缅友好关系，为促进中缅贸易，为促进中缅文化交流，发挥了积极的作用。

1945 年的庆福宫

清朝期间，缅甸国乐和乐器传入中国，成为宫廷宴乐之一。据赵尔巽等著《清史稿》卷一零一记载："乾隆五十三年，缅甸国内附，献其乐，列于宴乐之末，是为缅甸国乐。""有粗细二制：粗缅甸乐，用接内搭兜呼一，稽湾斜枯一，聂兜一，聂聂兜姜一，结莽聂兜布一。""细缅甸乐，用巴打拉一，蚌扎一，总稿机一，密穹总一，德约总一，不垒一，接足一。""粗缅甸乐，司乐器5人，司歌6人，均拖发扎红，用缅甸衣冠。""细缅甸乐，司乐器7人，均拖发扎红，衣蓝缎短衣。司舞四人，衣内缎短衣，皆杂色裙，以洋锦束腰，戴扎巾。""歌合以粗乐，舞合以细乐。"《清史稿》中提到的总稿机和巴达拉，就是缅甸用以独奏和配乐演奏的弯琴和竹排琴。弯琴，缅语中称之为"桑告"，是一种带有弯曲琴项和船形琴体的竖琴，故弯琴亦称为"缅甸竖琴"。弯琴是缅甸最重要最具代表性的乐器，自古以来，缅甸人就非常喜欢弯琴，称弯琴为"缅甸乐器之王"，称演奏弯琴者为"天上的音乐家"。弯琴由榕叶形琴头、弯形琴项、船体形琴箱、琴弦、固定琴弦的流苏、垂瓣形固定琴弦和琴箱的支撑物、琴箱表面的天女孔等部分组成。初始时，弯琴只有3根琴弦，现在已经增加到16根了。古代，弯琴大多为宫廷所用，与匣琴、鳄鱼琴统称为"宫廷三乐器"，用毕要置于高处。现在弯琴已经是缅甸人民普遍使用的大众乐器。弯琴可以独奏，也可以用来合奏。弯琴音色柔和优美，深受缅甸人喜欢。巴达拉亦译为"巴德拉"，缅语中称为"匣琴"或者"竹排琴"。由竹琴板、木制船型琴箱、琴箱两端拴琴板的立柱、琴座和小木槌组成。古时只有22块竹制琴板，现在已经增加到 25 块了。匣琴可以独奏，也可以合奏。缅甸乐是清代 9 部宴乐之一，也是清代"四夷乐舞"之一。缅甸乐舞和乐器传入清代，并用于清代宴会演奏，不仅丰富了清代的乐曲和乐器，同时也是清代中缅艺术交流的典型例证。

缅甸人种茶、饮茶习俗是由华侨带到缅甸的，缅甸人从华侨那里学会了饮茶习俗。现在，缅甸人饮茶习惯相当普遍。每当早点、午餐，或者晚饭后缅甸人都习惯喝上几杯茶，每每有客莅临，主人总是沏上一壶好茶，请客人品尝。每有闲暇，或者在炎热的晚上，或在茶店，或在街头巷尾，亲朋好友总是三五成群凑在一起，一边饮茶，一边海阔天空神聊，既避暑又纳凉，又广交朋友。喝茶已经成为缅甸人生活中休息养生不可或缺的一项内容。缅甸北方掸邦等省份都种植茶树采摘茶叶，一方面供应国内市场需求，另一方面还出口创汇，同时也作为礼品馈赠友人。现代缅甸人喝的茶有两种，一种是奶茶，另一种是清茶。奶茶是英国殖民者传入的，清茶是由中国传入的。在茶店里或者在街头，年轻人一般先喝奶茶，然后喝清茶清口。在家里喝清茶的比较多，同中国一样，茶桌上总是摆着茶具和茶叶盒。

缅甸人种桑养蚕、用丝绸布料做上衣和筒裙，也是从华侨那里学习的。缅甸天气炎热，气候潮湿，空气湿度大，缅甸妇女喜欢用薄如蝉翼且柔软透风的衣料缝制衣服。中国的丝绸传入缅甸以后，缅甸妇女用丝绸做上衣或者特敏（女筒裙），既高贵华丽又凉爽宜人，非常适合缅甸的气候。因此缅甸上层女子均喜欢用丝绸料做上衣或者做筒裙，既享受清凉华贵，又显示身份地位，非常受欢迎。同时，缅甸人还向华侨学会了种桑养蚕，学会纺织丝绸，在缅北彬乌伦一带种植桑树。但是由于缅甸人信奉佛教，是虔诚的佛教徒，他们认为种桑养蚕是一种杀生行为，这样就违背了自己终生的信仰，因此，缅甸的种桑养蚕和丝绸业至今发展较慢，不成规模。

缅甸铁匠使用的铁砧、大铁锤、长柄虎钳、鼓风用的风箱等是由滞留在缅甸的中国战俘中的铁匠传入的。中国战俘原系随军打造兵器的，定居缅甸以后，为缅甸农村制造农具，带去了中国先进的制铁技术。中国铁匠还以制作铁锚而著称，它促进了缅甸铸造技术的发展，促进了缅甸造船技术的进步，也促进了缅甸农村各种生产工具和日常生活用具的革新。[①] 中国的黄金在缅甸市场上以有"足赤"印鉴的质量最好，深受缅甸人的欢迎，缅甸人用黄金制作金箔（shwei bya），贴在佛塔或者佛像上，其制作方法也与中国相同。[②] 该时期，缅甸人用甘蔗制作的蔗糖，缅语中称为"江德加"（Kyantaga），是学习中国人用蒸馏法提炼的。

清朝，中国的造船技术也传入缅甸。很多在战争中被征调到缅甸造船的中国工人，战后滞留缅甸，大批造船工人被征调到缅甸伊洛瓦底江上游的野牛坝制造战船，把中国的造船技术传到缅甸，促进了缅甸造船业的发展。缅文中的"舢板""唐舡"等中文外来语至今仍然使用，这是当时经中国船工传入缅甸的。[③] 此外，

---

① 转引自周一良：《中外文化交流史》，河南人民出版社，1987年版第33页。
② 同上。
③ 费勒：《缅甸》，转引自周一良《中外文化交流史》，河南人民出版社，1987年第32页。

中国木工使用的工具如手斧、半圆凿、钻、锯等也是由中国传入缅甸的，特别是缅甸木工使用中国刨（ywe-baw）时的姿势也与中国同，均骑在长凳上用手推刨。[①]

在清朝时期，我国旅缅华侨把芹菜、韭菜、油菜、荞头、蚕豆等蔬菜品种和荔枝、红枣、枇杷、梅、桃子、柿子等水果带到缅甸，在缅甸京都郊区种植，促进了缅甸人民的水果种植和果品生产，丰富了缅甸的蔬菜与水果品种。由于中缅两国人民通婚，长期共同生活在一起，缅甸人从中国人那里学会了磨豆腐、炸油条、包包子、煮汤圆、做酱油以及铁锅烹饪技术，丰富了缅甸人的烹饪技术、烹饪文化和饮食文化。缅甸人还在这些蔬菜和水果名称前面加上"德由"（意即中国）两字，说明这些蔬菜和水果是从中国传入的。比如 t-yout nan nan（中国芹菜）、t-yout g-zun（中国空心菜）、t-yout kyet thun meit（韭菜、葱）t-yout zi:（杏）、t-yout te dhi:（柿子）、t-yout hnin:dhi:（枇杷、荔枝）、t-yout pe:（蚕豆）、t-yout pe:daun（豆角）、t-yout mon la（欧芹）、t-yout mon nyin:（油菜）等。除了蔬菜和水果以外，缅甸还有一些物品也是从中国传入的。比如：t-yout kat（百叶窗）、t-yout kat ywet（上宽下窄的帆）、t-yout pya yaun（中国蓝）、t-yout mi:bon:（宫灯、灯笼）、t-yout hmin（墨）、t-yout wa:（凤尾竹）、t-yout in:gyi（中式对襟上衣）、t-yout ph-ya:gyaun:（中国佛庙，观音寺）t-yout g-nan:twet khwet（算盘）等。在名称的前面冠有"中国"字样的词汇还有 t-yout z-ga:（鸡蛋花、栀子花）、t-yout hnin:zi（夹

---

① 转引自周一良：《中外文化交流史》，河南人民出版社，1987 年版第 33 页。

竹桃）、t-yout ph-yaun:ban:（茶花）等，说明这些花草也是从中国传入缅甸的。在缅甸语中，有一些词汇是直接借用汉语音译，成为缅文中的外来语。这些蔬菜、水果、花草和物品传入缅甸，不仅增加了缅甸蔬菜、水果、花草和日常用品的种类，同时也丰富了缅甸语的词汇。该时期，缅甸的一些植物品种也传入中国。《云南记》记载，我国云南种植的大腹槟榔、椰子、娑罗树、诃黎勒、老缅瓜、缅茄等植物都是从缅甸引进到我国云南的。

近代，缅甸丝绸工业区阿摩罗补罗生产一种缅甸最名贵的丝绸，称为"隆德亚"（Lontaya），其纺织技术也是从中国传入的。缅甸人还喜欢中国广东产的一种带穗的波浪纹男筒裙。在缅甸瑞波大鼓词中有这样一段歌词："你进城去干什么？""去买广东产的带穗的波浪纹筒裙。"[①] 这说明中国的筒裙也已传入缅甸。缅甸人的外套上衣，其样式很像中国人的马褂，中间开襟，衣兜、衣袖、纽扣，均与马褂相同，唯一不同的是，中国马褂有衣领，缅甸人的外套无衣领而已。缅甸妇女的上衣也类似中国妇女的旧式女上衣。一般右开襟，纽扣、衣袖与中国相同，有立领和无领两种。因此，缅甸学者认为，缅甸人的上衣是由中国传入的，筒裙是从印度传入的。在缅甸，在木工、制铁、瓦工、裁缝、烹饪、雕刻等领域，最好的手艺人都是从中国来的。比如，最好的裁缝、最好的木匠、最好的铁匠、最好的泥瓦匠、最好的大厨、最好的雕刻师，这些最好的手工匠人都是由中国来的旅缅华侨担任的。来自中国南方的木匠、铁匠、泥瓦匠、大厨和雕刻师把中国的缝纫技术、木工

---

① 　《广东带穗的波浪纹男筒裙》，载缅甸版《文化与友谊》，1954 年。

技术、制铁技术、砌墙技术、烹饪技术和雕刻技术传入缅甸，把缝纫工具、木工工具、铁匠工具、泥瓦匠工具和雕刻工具也同时传入缅甸，促进了缅甸十大传统手工艺技术的发展。缅甸有句谚语叫作"去中国卖针"，意思是"班门弄斧"，是中国的针传入缅甸的证明。

清朝时期设立的教学机构对于中缅交往有着很大的补益，极大地促进了中缅之间的人员往来、文化交流和商贸的开展，有助于加强中缅两国政府和人民之间的友谊。最值得一提的是四译馆的设立，对中缅文化的交流做出了突出的贡献。据清朝孙承泽所著《天府广记》记载了四译馆的专业设置和教学以及遴选翻译人才的情况："四译馆在东华门外，南向。设人常寺少卿提督之，听于翰林院。所隶凡八馆：曰西天，曰鞑靼，曰回回，曰女直，曰高昌，曰西番，曰缅甸，曰百裔。初以举人监生年少者入翰林院习裔字，以通事为教师。科举时任其应试，卷尾识译书数十字，三场毕，送翰林定去取，仍送入场填榜。中榜后改庶吉士，仍习译。天顺中革，令则俊民俾专其业，艺成，会六部大臣试之，通者冠带，又三年授以官。"该时期，在清朝四译馆内有"摆夷"在教授缅甸语。秤猛纠、钱渺猛长期在四译馆内任教，一直到乾隆三十八年秤猛纠双目失明才被送回云南。又选用木邦内迁人钱赛、乃赛进京在四译馆教授缅甸语。钱赛、乃赛不懂汉语，通事张秀、梁国贤能说汉语和缅语，但不会书写缅语。他们四人互相协作，充当四译馆的缅语教习。清朝四译馆的设立，培养了中缅语言和文字互译人才，促进了中缅贸易的发展和中缅文化的交流。由于解决了语言和文字的困难，缅甸人把大批中国书籍带回了缅甸，加深了中缅两国人民的相互了解和友谊，为中缅文化交流做出了贡献。乾隆六十年，孟干以贡使入都，乃购《御纂五经》《康熙字典》《渊鉴类函》《朱子纲目》李时珍《本草》十数种以归。诗书之泽，被及化外。"[①] 清朝期间，中缅两国工艺美术品的制作，比如漆器、牙雕、金银首饰、玉石雕刻、彩色绢伞、绢伞等在许多方面都有共同之处，这也说明了中缅文化的相互交流与相互影响。

（七）清朝我国学者记载缅甸的文献

清朝期间，随着中缅两国友好关系的发展，我国学者著书立说，介绍和记载缅甸的史籍越来越多，成为历史上我国介绍缅甸情况最多的时期。该时期，我国记载和介绍缅甸的书籍有《清史稿》《清实录》《大清会典事例》《清代外交史料》《南中杂说》《滇考》《腾越州志》《清朝续文献通考》《海国图志》《征缅纪略》《缅甸琐记》《缅甸图说》《缅甸考略》《缅述》《西辅日记》《缅藩新记》《缅甸国志》等。这些清朝史书对清朝期间中缅官方互访、人员往来、清缅战争、相互贸易等进行了比较详细的记载。同时对缅甸人的生活起居、民风习俗、穿着打扮以及刑法等都进行了介绍。如刘锦藻在《清朝续文献通考》中写道："缅甸一名阿瓦，蛮部大国也。北界野夷，东北界云南、东界暹罗，西南距印渡海，西北连东印度。

---

① 师范：《滇系·杂载》第 111 页。引自余定邦、黄重言《中国古籍中有关缅甸资料汇编》下册，中华书局，2002 年版第 1064 页。

面积约四十万五千里。其都城距云南省三十八程。一切政治法律参合中国、印度两国，斟酌损益而行之。居民屋舍荒陋，以竹插地，用藤系架，用席作墙而苫覆之，谓之落成，取蔽风雨，无虞覆压土人，颇便之。俗剽悍奸诈，男女多裸身。每饭则嚼槟榔荖叶以自喜。颇崇佛恭僧，用贝叶作书，佶屈聱牙，不可辨认。物产五金、石油、红蓝宝石并五谷、木棉、糖蔗之属。"魏源所著《海国图志》对缅甸的语言和艺术以及民居进行了记载："印度外成知文字，惟缅甸语音庞杂，有用佛语，有用鞑靼里音语，有用中国音语参杂而成。……书籍皆编贝叶，国王则以象牙为篇页，以金饰边，储以描金盒，并雕刻成字而金饰之者。藏书虽富，专以讲论神明为主，而史记、音乐、医学、画谱谓之杂说小书，惟安南文学独遵中国。""缅甸屋舍最陋。以竹插地，用藤系架，用席作墙而苫覆之即谓落成。大者不日可完，小者顷刻立就。虽潦草而便意，风雨坍塌，既无推压之虞。回禄偶遭，亦无荡赀之戚。伊底河发源西藏，南流经缅甸麻罗城而入海。"

这些清朝出版的史书不仅增加了我国人民对缅甸人民的了解，同时也促进了中缅文化交流，加深了中缅友好关系。

1824 年，由缅甸贡榜王朝著名诗人那瓦德创作长篇叙事诗《华使莅缅记》，是研究 19 世纪中缅友好关系的重要缅文著作，为中缅文化交流做出了积极的贡献。《华使莅缅记》详细记述了我国使臣出使缅甸的情况。

1823 年初，清朝特使杨大老爷和杨绅爷持诏使缅，抵达巴莫。缅王诏令巴莫知府亲自陪同清朝使团来首都阿瓦。下令凡是清朝使节经过的地方，如瑞姑城、太公城、迦业城、瞻婆那果城、室诃多城、叫渺城、牙拔冒村等地，一律要以盛大礼节接待。清朝使团于 1823 年初由巴莫知府护送乘坐官艇沿伊洛瓦底江南下。缅甸民防大臣、财务大臣、战马大臣等在江中迎接。恭迎并朗诵道光皇帝的诏书。到达阿瓦后，下榻迎宾馆内，由 140 名兵士负责保卫安全。

巴基道王下诏书聘请精通汉文的华侨瑞觉、老史、老瑞、老儒对诏书逐字逐句认真翻译。巴基道王选定在浴佛节的"新年求恕会"接见来访的清朝使团。在新年求恕会上，缅王传旨官将道光皇帝的诏书连同译文置于金桶内，捧于手中。清朝使节乘坐三头大象来到码头，登上官艇。巴基道王接受道光皇帝的诏书和所赠礼物。

道光皇帝赠送给巴基道王的礼物有黄缎貂皮袄两件、紫铜色缎皮袄一件、人参一盒、成套白底青花盖碗两套、丝绒八卷、帛三十卷、锦缎三十九卷、金丝蝉纱两卷、茶碗一百九十个、地毯二十张、纸箱五个、荷包二十个、扇子一百把、罗伞仪仗两套、中国鞍辔两套、大盆景两盆、小盆景四盆、桃树一棵、梅树一棵、水仙花一盆。

清朝使团离缅回国时，巴基道王遣使随同访问清朝。缅使成员有录事奈缪敏拉、内廷官员泽亚糯耶他、底哈西都糯耶他、瑞多都耶糯耶他、瑞多都耶觉廷、耶泽诺耶他觉空。缅王赠送给道光皇帝的礼品有玉佛三尊、象牙两只、象牙盒两个、牙雕两件、黄呢一批、绿呢一匹、红呢一匹、英国花布十件、白镶边布十件、洋毡毯十张、檀香三缅斤、金箔一百叠、银箔一百叠、红宝石戒指二枚、蓝宝石戒指二枚、玉石六十缅斤、大象牙（42 缅斤 80 缅钱）两对、孟拜产红宝石价值白银一百缅钱、孔雀翎十五束、幼象两头、母象两头。

《华使莅缅记》是一部记述中缅友好的著作，是缅甸沦为英国殖民地以前中缅友好关系的见证。

八、民国时期中缅文化交流

1911 年辛亥革命，推翻了清朝的统治。1912 年元旦，孙中山先生就任中华民国临时大总统，宣布中华民国正式成立。从 1912 年中华民国成立到 1949 年中华人民共和国成立，整个民国期间中缅两国人民经历了反抗帝国主义，特别是经历了抗击日本法西斯的斗争。两国人民在斗争中患难与共，同仇敌忾，互相支持，并肩作战，付出了极其高昂的代价，终于赶走了日本法西斯，取得了抗日战争的最后胜利，共同谱写了中缅关系史上可歌可泣的篇章。

（一）滇缅公路，抗击法西斯的交通大动脉

1937 年 7 月 7 日，卢沟桥事变发生，日本法西斯蓄谋已久的侵略中国的战争爆发，从此，中国人民开始了艰苦卓绝的反抗日

本法西斯的斗争。1942 年 1 月，日本法西斯分三路入侵缅甸，从此，缅甸人民开始了可歌可泣的反法西斯历程。为了战胜日本法西斯，中缅两国人民一起克服重重困难，修建了全长 1146 公里的滇缅公路。这条千里运输大动脉，翻山越岭，九曲八弯，北起我国云南昆明，中经下关、畹町，抵达缅甸腊戍，同仰光到腊戍的铁路相连。滇缅公路，在中国境内长 959 公里，在缅甸境内长 187 公里，全长 1146 公里，犹如一条牢固的纽带将中国同缅甸紧密地连接在一起。这条公路自 1937 年开始动工，中缅两国 20 万筑路大军日夜奋战，完成土方 2000 万立方米，石方 200 万立方米，建成永久桥梁 206 座，半永久桥梁 271 座，石涵洞 2196 个，木涵洞 1114 个，铺设碎石 100 万立方米。筑路工人吃干粮，喝雨水，住窝棚，风餐露宿，日夜兼工，终于在 1938 年全线贯通胜利竣工。通过这条公路，外界援华作战物资可以经过缅甸仰光源源不断地通过铁路和公路运进我国大西南地区，有力地支援了我国的抗日斗争。据统计，1939 年，通过这条公路，运入云南的战略物资达到 27980 吨，月均 2000 多吨。1942 年 1 月到 2 月，这条公路的货运量为 52000 吨。滇缅公路的胜利开通，使中国抗日战场的物资得到了补充，加速了中缅的抗日胜利的进程。中缅两国人民用鲜血和汗水浇灌的滇缅公路在中缅两国人民抗击日本法西斯的斗争中发挥了巨大的作用。

（二）中国远征军在缅甸战场浴血奋战

1942 年 2 月 16 日，由杜聿明的国民党第五军、甘丽初的第六军和张轸的第六十六军组成的 11 万中国远征军开赴缅甸战场，同缅甸人民一起作战，共同抗击日本法西斯。他们高喊中缅两国"土地接壤，习惯相近，历史相通，祖先相同"的口号，尊重缅甸民族的风俗习惯，尊重佛教，进入缅甸。中国远征军进入缅境后，先后取得了"东瓜大捷"和"仁安羌大捷"，重创日军。所到之处，受到缅甸人民的热烈欢迎，同时也付出了巨大的牺牲。据统计，中国远征军收复缅北大小城镇 50 余座，解放缅甸土地面积 20 多万平方公里，共歼灭日军 12.5 万人，但自己也付出了巨大牺牲，伤亡官兵 14 万人。1945 年 1 月，中国远征军离缅回国。

（三）抗战时期中缅两国交往密切

民国初期，中国由于军阀混战，内战不断，无暇顾外。缅甸由于受制于英国殖民统治，对外没有话语权，因此该时期中缅双方交往较少，互访不多。从 1911 年至 1936 年，在前后 7 年中，中国访问缅甸的官员有 1915 年从巴黎回国途经仰光的汪精卫、1919 年 2 月教育家黄炎培和韩希琦、1929 年中国飞行家陈文麟、国民党中央特派党务视察员李次温、国民党中央委员张干之、中国政府实业部特派员冯少山、中国政府侨务委员会和教育部教育视察员李朴生和方蔚等。民国后期，1937 年，日本法西斯发动了侵华战争，很快占领了华北、华东、华中和华南广大地区。1942年1月4日，日军大举进攻缅甸，仅用6个月时间就占领了缅甸。中国和缅甸都处于日本法西斯铁蹄的践踏之下。中缅两国人民同仇敌忾，紧密团结，投身到赶走日本法西斯、争取民族解放和民族独立的运动中。

抗战时期，中缅两国交往迅速增多，互访频繁。为了互相支援，加强配合，协调行动，中缅两国增加了文化团体的互访。1939年12月12日，以仰光苗玛中学校长吴巴伦为团长、内务部长吴梅昂的女儿杜妙盛为副团长的缅甸亲善代表团访问中国。代表团由我缅人协会领导人德钦努（即独立后吴努总理）、缅甸费边同盟领导人仰光《迪脱》杂志总编辑吴巴雀等9人组成。为了欢迎缅甸代表团，重庆市35个团体组成了筹备会，2000多人在机场欢迎缅甸代表团的到来。13日上午，重庆市各界在国泰大戏院举行盛大的欢迎会，对缅甸代表团表示热烈的欢迎。中方代表邵力子致辞说："自中缅公路接通和中缅通航以来，贵我两国关系更加密切。目前贵国所给予我们的便利和助力，已经构成中缅亲善的坚实基础。"缅甸代表团吴巴伦团长在欢迎会上说："中缅两国民族，在文化上大多类似，故至重庆所见一切，与在缅甸时并无二致，毫无身届异国之感。此次来华目的，第一，在使中缅民族进一步之联合；第二，拜谒贵国长官；第三，中国抗战中有许多要事，及因邦土毗邻而发生之问题，须两个民族亲自解决；第四，观光中国之文化以及各地建设。此次来华虽仅一日，但均已获得一种信仰，即中国之英勇抗战，是为民族自身及世界之和平自由而抗战，其利益实和我缅人一致。……而此次几位代表中，有几位在血统上与中国不可分开者，足见中缅两民族关系之深。"14 日，国民党中央党部举行招待会。吴巴伦团长在答辞中说："然缅甸乃中国弟兄之邦，休戚与共，痛痒相关，……吾等对中国抗战之同情，难以言语表尽其万一。对于中国同胞所受苦难，如同身感。"17 日，蒋介石接见了缅甸代表团。吴巴伦团长说："中缅两国历史上久有文化之关系，若干世纪以来，此种文化上之沟通，使两国人民同蒙福利。"在访问期间，代表团成员吴巴雀还到中央大学、重庆大学讲演。访华团成员还会见了两校校长罗家伦、张伯苓、叶云龙等，商谈文化交流问题。双方同意互相交换教授和学生。武汉大学化学系教授徐贤恭曾到仰光大学杰克逊学院任教。在抗日战争中，缅甸领导人德钦昂山、德钦拉棉、德钦努、德钦梭、哥登佩、哥丁瑞等先后到中国，交流抗日经验，争取我国的援助。中缅两国人民在抗日斗争中谱写了团结作战的辉煌篇章，为世界反法西斯斗争取得最后胜利做出了卓越的贡献。

（四）民国时期中缅文化交流

民国后期，中缅文化交流进入了一个新阶段。1919 年 5 月 4 日，北京爆发了"五四"运动。参加者以青年学生为主，还有广大群众、市民和工商人士等。这是一场通过示威游行、请愿、罢工对抗政府的爱国运动，也是中国人民反对帝国主义、封建主义的运动。在我国"五四"运动的影响下，我国旅缅华侨在 1919 年 11 月开始筹办华侨中学。我国教育家黄炎培、韩希琦亲自到缅甸考察教育，并介绍缅甸华侨到华侨中学用国语任教。华侨教师受"五四"运动影响，反对旧道德，反对旧礼教，提倡民主和科学。"五四"运动的革命思想开始在缅甸传播。1929 年，缅甸德钦巴当在其主编的《书苑》杂志上，连续刊登《孙中山——中国政界领袖》《中国的新政体》等文章，介绍中国革命情况。1936 年，埃德加·斯诺的《西行漫记》也传到缅甸。1937 年缅甸红龙书社将孙中山先生的《三民主义》翻译出版。中国"五四"运动以后产生的先进思想传入缅甸，对缅甸社会的发展起到了积极的作用。

缅甸实验文学运动是缅甸受中国"五四"新文学运动影响下产生的文学创作革命。它主张冲破旧体诗格律的束缚，运用贴近人民群众语言的白话文创作文学作品，包括散文、诗歌和小说。文学作品内容主张反映缅甸社会现实生活，使文学成为时代的一面镜子。实验文学作家热爱本民族文化，发扬民族优秀文化传统，唤醒民族觉醒。其代表人物有德钦貌瓦、佐基和敏杜温。实验文学运动在中国"五四"运动的影响下，给缅甸文坛吹进了一股新风，促进了缅甸文学创作的改革和进步。

1939 年 12 月 19 日，中缅文化协会的成立大会由罗家伦担任主席，下设教育文化委员会、经济交通委员会、社会服务委员会、宣传委员会、编辑委员会、妇女工作委员会等。1940 年 1 月 5 日，缅中文化协会在仰光举行成立大会，与会者 400 余人，由访问过中国的苗玛中学校长吴巴伦担任主席。中缅两国文化协会的相继成立，标志着中缅两国文化关系进入一个新的发展阶段。1940 年，戴季陶先生率领中国文化协会代表团访问缅甸。

1939 年 12 月 28 日，中国佛教代表团以太虚法师为团长经陆路到缅甸曼德勒、仰光进行访问，受到热烈欢迎。中国佛教代表团一行向仰光大金塔赠送舍利塔和银鼎各一座。1941 年，在缅中文化协会的主持下，作为中缅文化交流的一项活动，缅甸赠给我国三部珍贵的佛教经书《大藏经》，并于 1941 年 10 月 6 日运到云南昆明。[①]

缅甸亲善代表团成员德钦努（吴努）回国后还撰写了一本名为《战时新中国》游记，宣传中国抗战，由缅甸红龙书社出版发行。1940 年 8 月，德钦努被英国殖民当局逮捕。中缅文化协会获悉后，商绌中文化协会"相机营救"。重庆新华日报特派员陆诒也于该时期赴缅甸采访，写有"进入缅甸之后""从缅甸看泰越纠纷""仰光一瞥""缅泰边境巡视""从历史上看缅甸""滇缅路上的华侨司机群""华侨在缅甸"等文章，先后在重庆日报上发表。

1940 年 12 月 24 日，仰光市前市长、缅甸《太阳报》社社长吴巴格礼率领缅甸新闻记者代表团到中国重庆、昆明、成都等地采访日本法西斯在中国的暴行。此间，中国还在缅甸举行摄影展览。中国电影制片厂还在缅甸放映了《白云故乡》《孤岛天堂》《缅甸记者访华团在华行踪》等影片。

1941 年 8 月 28 日，以北京大学校长、西南联大常委蒋梦麟率领中国访问团访问缅甸，向缅甸宣传中国人民的抗日战争，受

---

① 王介南、王全珍：《中缅友好两千年 纪念周恩来总理到德宏四十周年》，德宏民族出版社，1996 年版第 114 页。

到缅中文化协会的热烈欢迎。1941 年 9 月 16 日，以前外交部常务次长为首席代表率领外交部相关官员赴缅访问，中缅两国的官方代表团实现了互访。此外在 1940—1942 年，中华体育协进会会长王正廷率领中国女子篮球队、排球队、歌咏队、戏剧队赴缅访问。

太平洋战争爆发以后，仰光遭到敌机轰炸，中缅文化协会致电仰光市长表示慰问。中国政府还为此拨款 5 万盾救济缅甸灾民。1942 年 3 月 8 日，中缅文化协会举办缅甸日活动，很多中国军政要员出席了大会，会场上悬挂着"中缅并肩保卫瓦城，保卫滇缅公路，保卫大金塔"的标语。该时期，中缅两国的友好关系进一步加深，中国将驻仰光领事馆升格为总领事馆，向缅甸派遣了驻缅代表。

1942 年，中国远征军进入缅甸时，由 45 名华侨学生组成服务队随军担任翻译工作。1942 年 4 月，中国政府教育部开办了东方语言训练班，招收越南、缅甸、泰国语专业的学生，训练 3 个月后随军工作。民国后期，我国在昆明开办东方语言专科学校，设立印度、缅甸、越南、泰国四个专业，后来又增加了马来语、阿拉伯语专业。抗战结束以后，东方语言专科学校由昆明迁至南京。1949 年中华人民共和国成立，该校并入华东革命大学，最后调整到北京大学，组建东方语言系，为国家培养了大批优秀外语人才。抗战期间，我国电台开办了缅语广播，安排缅语节目，特邀缅甸人担任广播员。1941 年 9 月，在重庆的中央广播电台开始缅语广播，一直坚持到抗战胜利。民国期间，我国翻译出版了英国学者戈·埃·哈威的《缅甸史》《缅甸史纲》，以及富尼华尔的《缅甸社会经济史纲要》，还出版了王婆楞的《中缅关系史纲要》和一些关于介绍缅甸历史地理的小册子。

民国时期，有一批中国文化人曾寄居缅甸，包括作家、画家和音乐家。我国作家艾芜居住在缅甸时，缅甸爆发了历史上规模最大的全国农民大起义，由民族英雄塞耶山领导，史称"塞耶山起义"。起义者的目标是推翻英国殖民统治。起义最后虽然失败了，但是它表现了缅甸人民不畏强暴、勇于反抗外国殖民统治的大无畏精神，把缅甸人民"从屈服和奴性"的沉睡中唤醒。艾芜曾目睹了这场遍布缅甸全国的伟大的农民起义，著有《漂泊杂记》，在上海出版。书中有一篇《缅变记略》，真实地记录了缅甸人民的这次反英斗争的情况。

19世纪，我国不少的文学作品被译成缅文介绍到缅甸。比如，1894年，缅甸人貌基和一位华侨将《包公案》《聊斋志异》翻译成缅甸文，书名为《天朝之境》，由仰光德瓦茨印刷厂印刷出版，在缅甸发行。据统计，民国时期由缅甸德贡达亚、杜阿玛、曼丁、德钦妙丹等人翻译出版的中国文学作品达百余篇。其中包括鲁迅、蒋光慈、秦兆阳、刘白羽、赵树理等人的作品。值得一提的是，民国时期，堪称"时代号角"的缅甸《星》杂志不断刊载具有新思想的文学作品，同时用大量篇幅介绍中国文学作品及文艺思想。毛泽东的《在延安文艺座谈会上的讲话》就被《星》杂志介绍给缅甸读者，在缅甸文艺界产生了巨大反响，对开展缅甸的新文学运动起到了指导和推动的作用。

（五）民国时期中缅贸易

民国时期，中缅之间的贸易出现很大的变化，原来互通有无的滇缅商道变成了英国向我国西南地区倾销其商品的渠道。该时期，输入云南的棉织品大量增加，输出缅甸的中国土特产出现下降趋势。贸易长期入超，使得我国白银大量外流。仅 1906 年，腾越一地，贸易入超达到 200 万两。加上思茅、蒙自两关计算在内，云南外贸一年入超约 600 万两白银。由于大量洋货充斥市场，使得华商受到致命打击。据统计，自缅甸沦为英国的殖民地以后，仅仅 10 年内，云南腾越的和顺、绮罗、大董、东练等地在缅甸和腾冲的商号就减少了 40 余家。1902 年以后，中缅间玉石贸易继续发展。据统计，该时期滇商自缅甸买入的缅甸玉石如下：1902 年 13.55 吨，1911 年 31.4 吨，1917 年 40.05 吨，1922 年 38 吨，1925 年 18.55 吨，1931 年 9.1 吨。腾冲玉石商号最多时达 40 家，玉雕作坊 100 多家，工匠 3000 余人。该时期，中国开始进口缅甸大米。当时东南亚有三大米市，即曼谷、西贡和仰光。缅甸在英国统治下实施单一经济计划，主要种植水稻，1937 年，缅甸出口大米 371 万吨，成为世界上稻米出口最多的国家。据统计，我国在 1936 年进口缅甸大米 19541.9 吨，1937 年 50137 吨，1938 年 75277.9 吨。

（六）民国时期我旅缅华侨迅速增加

民国时期，我国旅缅华侨人数大幅增加。原因有二。其一，由于帝国主义的侵略和封建统治阶级的压迫，我国大批破产的农民被迫远离家乡到海外谋生。其二，缅甸在英国殖民主义者统治下，实行单一经济计划，重点种植水稻，开垦荒地，扩大种植面积，以及修建公路和铁路，急需大量劳动力，策划和鼓动印度和我国破产农民移民缅甸，以弥补劳动力的不足。在这种情况下，我国云南腾冲、保山、龙陵、祥云、大理等地的破产农民"穷走夷方急走厂"，背井离乡来到缅甸，使得我国旅缅华侨人数急剧增加。据民国我驻英使臣薛福成 1892 年记载："新街亦称汉人街，临近江岸，袤沿八九里，滇商数百家居中区，其街之首尾则掸人居之。""核计海口华商，约二万四五千人，臣商则闽多于粤。至沿江各埠，生涯全属滇人。计轮船停泊、装卸货客之大埠二十三，小埠二十九。而滇商之众首数阿瓦，约万二千人，次则新街、孟拱，不下五千，其余各数十百人。至行商货驮，年常二三万，秋出春归。""仰光江口轮艘如织，贸易极盛，闽粤大商不下万人，滇商亦十余家"。陈还在《缕陈缅甸近年情形》一文中介绍了 19 世纪 90 年代缅甸华侨的情况：在缅甸南部的毛淡棉、土瓦、丹老三埠"华商约二万四五千人。生意之大，首闽而次粤。闽之人数亦较多，粤之商号无几，大半手艺工作之流，滇商仅有数家而已。海口通商已久，闽粤之人能识英语言、政令，故得彼此相安。非若上缅之滇帮商贩，罕与西人交接，动则得咎也"。"其余各埠多则三四百，少则五六十。山村水驿，几无处无之，然皆坐贾之居兼有房屋者也。""阿瓦有汉人街二条，每长五六里，间有土民在内，而散居各街之商号亦多。"据统计，1885 年缅甸沦为英国殖民地时，仰光有华侨 4000 人，但是到了 1911 年已经增加到 16055 人。据英国殖民政府统计，1931 年，缅甸全国共有华侨193594 人。其中，滇侨 67691 人，闽侨 50038 人，粤侨 33990 人，其他省籍的华侨 41875 人。至 1936 年，全面华侨人数已经达到225000 人。我国旅缅华侨，在上缅甸主要是滇人，下缅甸主要是闽、粤人。1908 年，四川总督命陶思曾入藏考察，经缅甸回川。他在仰光发现："华侨在此者约十万，以闽、粤人居多数。"在曼德勒，陶思曾发现："云南商人公建者也，内祀孔子，规模阔大，建筑费十余万，其地址乃前缅王所与者。滇人经商至此及分驻各地者，不下十余万人，以腾越人居多。"我旅缅华侨团结互助，勤俭持家，大多从事商贸活动，遵守缅甸法律，与缅甸人民友好相处，靠智慧和勤劳的双手致富，为增进中缅友谊，为中缅文化交流做出了积极的贡献。1945 年 3 月 5 日，缅甸华侨向缅甸反法西斯人民自由同盟捐赠 200 万元和一辆汽车。反法西斯人民自由同盟领导人昂山出席了捐赠仪式，接受了赠款和汽车。

1947 年 10 月 27 日，中缅两国同意互派大使。中国驻缅大使为涂允檀，缅甸驻华大使为吴敏登。1948 年 7 月，中国在缅甸北部城市腊戍设立领事馆。

九、中华人民共和国成立以后中缅文化交流

1948 年 1 月 4 日，缅甸人民终于赶走了英国殖民统治者，取得了民族独立斗争的伟大胜利，宣布独立，成立了缅甸联邦，反法西斯人民自由同盟执政，吴努出任内阁总理。1949 年 10 月 1 日，中国人民在中国共产党的领导下，经过 14 年浴血抗战和 4 年解放战争，赶走了日本帝国主义，打败了国民党，建立了中华人民共和国。新时期，在中缅两国领导人的引领下，中缅文化交流进入了一个崭新的发展阶段。1949 年 12 月 18 日，缅甸政府发表公开声明，正式承认中华人民共和国，成为亚洲最早承认中国的国家之一。1950 年 6 月 8 日，中缅两国同时宣布建立外交关系。1950 年 6 月，缅甸驻中国首任大使吴敏登抵达北京。1950 年 8 月 28 日，中国驻缅甸第一位大使姚仲明一行到达仰光。1951 年 10 月 20 日，"缅中友好协会"在仰光成立，1952 年 5 月 11 日，"中缅友好协会"成立。从此，中缅两国友好关系以及文化交流驶入了高速发展的快车道。

（一）领导人频繁互访为文化交流提供了保证

中华人民共和国成立以后，中缅两国老一辈领导人频繁互访，为中缅关系的发展奠定了坚实的基础，为中缅文化交流提供了可靠保证。中华人民共和国成立以后，我国领导人刘少奇主席、周恩来总理、陈毅副总理等老一辈中国领导人都曾访缅，缅甸吴努

周恩来总理接见吴努总理

总理、吴奈温主席、吴山友总统和吴貌貌卡总理等也多次访华。周总理九次访缅和吴奈温主席十二次访华被两国人民传为佳话。

周恩来总理生前先后于 1954 年 6 月、1955 年 4 月、1956 年 12 月、1960 年 4 月、1961 年 1 月、1964 年 2 月、1964 年 7 月、1965 年 4 月 3 日、1965 年 4 月 26 日总共 9 次访问缅甸，并在 1961 年 1 月访问中，在蒲甘瑞喜宫大佛塔捐赠了一座面积为 76 平方米的佛亭，佛亭上用缅文赫然写着："中华人民共和国周恩来总理捐建"。在周总理的努力下，中缅两国领导人共同倡导了举世闻名的和平共处五项原则，友好签署了具有伟大历史意义的《中华人民共和国和缅甸联邦友好和互不侵犯条约》，协商签订了《中华人民共和国和缅甸联邦边界条约》，和平解决了历史上遗留已久的中缅边界问题，为世界各国友好解决边界问题树立了典范。周总理的足迹遍布缅甸全国各地，在缅甸人民群众中遍撒胞波友谊的种子。他凭借外交家的风度、卓越的外交才能、平等待人、尊重缅甸友

蒲甘瑞喜宫内周恩来总理捐建的佛亭

周恩来总理访问缅甸，与吴努总理合影

人的美德，受到缅甸人的尊敬和爱戴，被称为"对缅甸怀有善良愿望的缅甸的忠实朋友"和"缅中友谊的缔造者"。缅甸吴努总理在回忆初次与周总理谈话的感受时说，初次见到周总理，怀有疑惧心理，但是经过会晤与接触，发现周总理待人谦和，平易近人，丝毫没有大国总理傲慢的架子，所以疑惧的心理顷刻冰释了。后来，吴努总理一直亲切地称呼周总理为"囊道基"，为"大哥""兄长"之意。

缅甸吴努总理先后于 1954 年 12 月、1956 年 10 月、1957 年 3 月、1960 年 9 月、1961 年 4 月、1961 年 10 月总计 6 次访问我国。缅甸总理吴努一生对中国友好，为中缅友谊做过重要贡献。早在 1939 年随缅甸亲善代表团访问中国回到缅甸以后，就发表了一部游记《芳邻中国》，由红龙书社出版。1954 年 11 月，他作为缅甸总理访华回国后，又写了题为《缅中友谊》的文章，热情讴歌中缅胞波友谊。中华人民共和国成立后，以吴努为总理的缅甸于 12 月 18 日宣布正式承认中华人民共和国，成为最早承认中国的国家之一，并于

1950 年 6 月 8 日与中国正式建立外交关系。吴努总理在其担任缅甸总理期间，与周恩来总理一道，倡导了作为国家关系基本准则的和平共处五项原则，对《中华人民共和国和缅甸联邦友好和互不侵犯条约》和《中华人民共和国和缅甸联邦边界条约》的签订做出了重要贡献。1961 年 1 月 2 日，在吴努总理举行的国宴上，周总理致辞说："我不可能在这里一一列举所有曾经为中缅友好大厦奠过基，铺过砖，盖过瓦的缅甸朋友们的名字。但是，我不能不讲到吴努总理阁下和奈温将军阁下。吴努总理早在 1954 年就表示要解决历史上遗留下来的中缅边界问题的愿望，以后一直为此而努力，直到同中国签订了中缅边界条约为止。可以说是始终其事。""吴努总理不愧为中缅友好大厦的主要建筑师。"

奈温主席先后于 1955 年 9 月、1960 年 1 月、1960 年 9 月、1961 年 3 月、1961 年 10 月、1965 年 7 月、1971 年 8 月、1975 年 11 月、1977 年 4 月、1977 年 9 月、1980 年 10 月、1985 年 5 月总计 12 次访问中国。奈温将军也是中缅友好大厦的重要奠基者。他在担任缅甸领导人期间，代表缅甸政府，与我国签订了《中华人民共和国和缅甸联邦友好和互不侵犯条约》和《中华人民共和国和缅甸联邦边界条约》。周恩来总理在公开场合曾经不止一次地赞扬奈温将军的果断，认为要不是奈温将军的果断，恐怕中缅边界问题不会解决得这么快！邓小平副总理称赞奈温将军说，奈温将军"对我国的每一次访问都为加深我们之间的友谊做出了重要贡献"。

中缅两国领导人的频繁互访，使中缅关系一直处在暖融融的友好气氛中。从 20 世纪 50 年代起，通过两国领导人协商，中缅两国先后签署了贸易、航空、公路运输、邮政电讯、经济贷款等一系列合作协定，使中缅关系迅速进入了正常发展的轨道。1954 年，中缅两国与印度共同倡导了和平共处五项原则。1960 年 1 月 28 日，中缅签署了《中华人民共和国和缅甸联邦友好和互不侵犯条约》。1960 年 10 月 1 日，两国签订了《中华人民共和国和缅甸联邦边界条约》。1960 年 9 月，以吴努总理为首的缅甸联邦政府代表团一行 350 人访问我国。1961 年 1 月，受缅甸政府的邀请，周恩来总理率领由 437 人组成的更加庞大的中国政府代表团一行访问缅甸，参加缅甸独立节和中缅互换边界条约批准书仪式。"这是中缅友好历史上规模最大、人数最多、范围最广的一次友好活动"。[①]此外，中缅两国通过通航通邮、代表团互访、芒市大联欢等活动，加强了两国在政治、经济和文化上的友好交往，把中缅两国的友好关系推向高潮。

　　1962 年 3 月 1 日，奈温将军推翻了吴努政权，成立了缅甸联邦革命委员会，军队接管了国家政

芒市大联欢

---

① 详见 1960 年 9 月周恩来总理在接见缅甸联邦政府代表团时的讲话。

权，将国名改为"缅甸社会主义联邦共和国"。从 1966 年下半年起，由于受到我国"文化大革命"的影响，中缅之间发生了一些令人不愉快的事情，导致中缅双方各自撤回了大使，终止了双方签订的中缅友好和互不侵犯条约，应缅方要求，中方撤回了援缅技术人员，两国关系一度变冷。

1970 年 11 月，缅甸新任驻华大使吴登貌到任履职。1971 年 8 月 6 日，缅甸革命委员会主席、政府总理奈温将军和夫人应邀访华，受到周恩来总理、李先念副总理和郭沫若副委员长和全体中国人民的欢迎。周总理在欢迎宴会上说："我们高兴地看到，近两年来，我们两国关系恢复了正常，两国政府互派了新任大使，两国贸易也有了发展。我们相信，通过这次奈温主席阁下的访问，在双方共同努力下，中缅两国关系会得到进一步的改善。"奈温将军也在答辞中说："我们能同周恩来总理阁下和中国朋友们再次会晤，就共同关心的问题进行亲切的会谈，这不仅大大有助于我们的友谊，相互了解和合作，而且也将进一步巩固和发展原有的了解和合作。"奈温将军和夫人的这次访问，在中缅双方的共同努力下，中缅关系得到了恢复，两国人民和好如初。

20 世纪 70 年代以后，中缅两国领导人继承和发扬领导人互访的传统，通过多次互访、发展经贸合作，加强文化往来，使中缅两国的友好关系继续向前发展，并在原有的基础上又上了一个新的台阶。1977 年 9 月 16 日，缅甸联邦社会主义共和国总统兼国务委员会主席吴奈温访华，邓小平副总理主持宴会，他在致辞中说："我们高兴地看到，近年来在我们两国政府和人民的共同努力下，我们两国的友好关系获得了新的发展。"1978年1月，时任副总理的邓小平应邀对缅甸进行友好访问。在1月30日晚上举行的告别宴会上，邓小平说："两国领导人的相互访问和接触对增进我们之间的友谊和了解是十分有益的。"1980年10月20日，缅甸联邦社会主义共和国总统兼国务委员会主席吴奈温应邀第11次访问我国。21日举行会谈。时任副主席的邓小平在会谈中指出："中缅两国领导人经常见面交换意见是很重要的。"1985年3月，李先念主席访问缅甸，参加中缅建交35周年纪念活动。李先念主席在欢迎宴会上说："多年来，国际风云变幻，中缅关系却能保持稳定发展，这首先要归功于中缅两国领导人在两国关系上所表现的远见卓识。中缅关系曾一度受到我国国内问题的波及，但是缅甸朋友对此采取了向前看的态度，使我们深为感动。这几年来，我们两国在政治、经济、文化等各个领域的友好合作关系都得到了进一步的加强。"李先念主席代表中国政府宣布，由中国政府出资，援建缅甸一座国家大剧院。1985年5月，缅甸社会主义纲领党主席吴奈温应中共中央顾问委员会邓小平主任的邀请访问我国。在5月4日举行的欢迎宴会上，吴奈温主席说："我们两国的关系很深，因为它是以真诚和友谊为基础的。我们的关系有时受客观因素的影响，不可避免地出现一些问题，但两国领导人的会谈对解决这些问题起了十分有益的作用。"中华人民共和国成立以后，在中缅两国老一辈领导人的精心培育下，通过频繁互访，圆满解决了中缅关系中出现的一些问题，使中缅人民之间历史上建立起来的传统胞波友谊，在新时代又绽放出新的花朵。

从 20 世纪末开始，中缅两国新一代领导人，继承和发扬互访的传统，两国高层互访不断，进一步夯实了中缅胞波友谊，促进了中缅经贸关系和文化交流。互派团组还有：1994 年 12 月，李鹏总理访问缅甸。1995 年 12 月，政协李瑞环主席访问缅甸，再次强调和平共处五项原则，提出"相互尊重、相互学习、相互支持、相互谅解"的睦邻政策。此后，吴邦国副总理（1997 年 10 月）、胡锦涛副主席（2000 年 7 月）、李岚清副总理（2003 年 1 月）、吴仪副总理（2004 年 3 月）先后访缅。该时期，缅方访华的领导人有：苏貌主席（1991 年 8 月）、丹瑞主席（1996 年 1 月、2003 年 1 月）、貌埃副主席（1996 年 10 月、2000 年 6 月、2003 年 8 月）、钦纽总理（2004 年 7 月）。缅甸"和发会"副主席貌埃上将在中缅建交 50 周年之际访华，签订了确立两国合作原则和方向的文件——《中缅关于未来双边合作框架文件的联合声明》。

2001 年 12 月 12 日，时任中国国家主席江泽民出访缅甸，揭开了中缅两国在新世纪友好关系的新篇章。江泽民主席对缅甸的国事访问，是中国最高领导人首次访缅，在中缅关系史上具有里程碑的意义。两国发表联合声明，表示加强发展睦邻友好关系、扩大经济合作、加强在国际和地区事务中的相互协调。双方确定了农业、人力和自然资源开发、基础设施建设等重点合作领域，并签署了有关双边合作文件。此次访问为中缅传统睦邻友好关系在 21 世纪不断发展奠定了坚实的基础。2003 年 1 月，丹瑞第二次访华，两国签署多个合作协定。2004 年 3 月，中国副总理吴仪访问缅甸，双方签订了 21 项协议、备忘录和换文。

　　2010 年，缅甸巩发党在大选中获胜，结束了军政府长达 22 年的独裁统治。2011 年 4 月 1 日，吴登盛总统开始执政，实行民主制度，向民主国家转型。该时期，缅甸执行一条避免过度依赖中国的政策。在西方国家破坏以及不明真相的民众的要求下，吴登盛政府以保护环境为借口，无限期地叫停了我国投资 37 亿美元的密松水电项目，至今尚不能恢复，给我国造成了巨大的经济损失。缅甸民众中的很多人，由于受美国以及西方国家的蛊惑，对中国不满情绪激增。但是，中缅两国领导人高瞻远瞩，通过频繁互访，保证了中缅关系继续沿着正确的方向前行。2011 年 4 月，全国政协主席贾庆林对缅甸进行友好访问，成为缅甸新政府成立后到访的首位外国领导人。5 月，缅甸总统吴登盛访华，两国宣布建立全面战略合作伙伴关系。2012 年 2 月，缅甸联邦议会人民院议长吴瑞曼访华。9 月 12 日，全国人大常委会委员长吴邦国对缅甸进行正式访问。2013 年 4 月，缅甸总统吴登盛正式访华，并出席博鳌亚洲论坛 2013 年年会。 10 月，缅甸国防军总司令敏昂莱访华。2014 年 6 月，缅甸总统吴登盛来华出席和平共处五项原则发表 60 周年纪念活动并对华国事访问。11 月，缅甸总统吴登盛再次来华出席加强互联互通伙伴关系对话会，国务院总理李克强访缅并出席东亚峰会。吴登盛总统任内先后 7 次来华访问，3 次为国事访问。为中缅两国继续保持友好关系做出了贡献。

　　2015 年以昂山素季为首的民盟以压倒的多数赢得了大选。2016 年 4 月 1 日民盟新政府开始执政以来，积极奉行与中国友好的政策，扩大了与中国的政治交往、经贸关系和文化交流，加强了与中国的友好关系。

2015 年 6 月，由昂山素季主席率领的缅甸全国民主联盟代表团访华，这是这位缅甸政治家的首次访华。2016 年 8 月，应李克强总理邀请，缅甸国务资政昂山素季对中国进行正式访问，习近平主席和张德江委员长分别会见昂山素季，李克强总理同昂山素季举行会谈，并与昂山素季共同见证了有关双边合作文件的签署。2017 年 4 月，缅甸总统吴廷觉访华，习近平主席和李克强总理分别会见了吴廷觉。5 月，昂山素季访华出席"一带一路"国际合作高峰论坛。11 月，外交部长王毅访问缅甸并出席第十三届亚欧外长会议。12 月，昂山素季再次访华，出席中国共产党与世界政党高层对话会，这是她在民盟执政后第三次访华。2019 年 4 月 24 日，缅甸国务资政昂山素季访华。

2020 年 1 月 17 日，国家主席习近平应邀访问缅甸，缅甸政府和人民以最高礼遇规格欢迎最尊贵客人的到来。习主席到来之前，内比都布置一新，街道两旁到处摆满鲜花，热烈欢迎习主席的标语牌分外醒目。从内比都机场到下榻的宾馆，缅甸艺术家和穿着民族盛装的青年们载歌载舞，"习主席好！""敏格拉巴！""热烈欢迎习主席！"的口号声响彻云霄。习主席在浓浓的中缅友好的胞波情意中，在内比都同缅甸国务资政昂山素季举行正式会谈。会谈后，在两国领导人的见证下，中缅双方交换了涉及政治、经贸、投资、人文、地方等多个领域的合作文本。当日，中缅双方发表了《中华人民共和国和缅甸联邦共和国联合声明》，迈出了中缅共同构建中缅命运共同体的伟大步伐。习主席的这次访问，是在中缅友好关系最好时期的一次里程碑式的访问，把中缅新一代领导人互访推向了高潮。它标志着中缅关系已经迈向新台阶，进入新时代！

中缅双方领导人的互访传统，是中缅友好关系不断向前发展的取之不尽用之不竭的动力，是中缅两国开展经贸合作和文化交流的有力保证，是架设在中缅两国人民之间的桥梁，是连接中缅两国人民的纽带。在中缅两国领导人的引领下，目前中缅两国政治关系良好，各领域合作发展顺利，无论在政治上，还是在经济上，抑或在文化交流上，都处于历史上的最好时期。

（二）经济领域的交流与合作硕果累累

中华人民共和国成立以后，在中缅两国领导人频繁互访的引领下，伴随着中缅两国政治关系的不断加强，中缅经贸合作关系也迅速向前发展，经济各领域的交流与合作蓬勃发展，硕果累累。

中缅两国贸易有着悠久的历史，两国人民从古代起就一起构筑了"金银大道"。双方贸易互补性很强，互为所需。在20世纪50至70年代，中缅两国之间的贸易总额每年为4000万美元左右。该时期，在中缅贸易中，中国一直处于逆差状态。1971年，中缅双方决定相互给予最惠国待遇。但据资料显示，1978—1979年度，我国从缅甸进口总额为2473万美元，对缅甸出口额仅为1307万美元，逆差1166万美元。大米是当时我国从缅甸进口的主要产品。

除了大米之外，我国从缅甸进口的商品还有木材、铅锭、玉石等。缅甸从我国进口的商品有轻纺工业品、机械、小五金、轮胎、化工产品等。直到 1985 年，由于中缅边贸快速发展，我国在中缅贸易中才从逆差转为顺差。

从 1985 年开始，中缅两国互相开放边界，双边边境贸易得以恢复，发展迅速。截至目前，中缅之间已经开通的边贸口岸已达到 9 个。这些口岸是瑞丽、畹町、木姐、南伞、南坎、九谷、雷基、清水河、甘拜地等。贸易口岸的增加，中缅间边境贸易蓬勃发展，促使贸易额迅速上升，中缅边贸呈现出前所未有的繁忙景象。据相关资料统计，2018 年，中缅之间的边贸口岸出入境人流量 1923.03 万人次，日均 5.27 万人次。出入境车流量 518.03 万辆次，日均 1.42 万辆次。据中国海关统计，2010 年，中缅边贸额为 14.2 亿美元，同比增长 44.8%。其中，中方出口 8.6 亿美元，同比增长 45.4%；进口 5.6 亿美元，同比增长 43.8%。中方顺差 3 亿美元。2013 年，中缅边贸额为 28.2 亿美元，同比增长 56.2%。其中，中方出口额 16.7 亿美元，同比增长 40%；进口额 11.5 亿美元，同比增长 87.8%，中方顺差 5.2 亿美元。2018 年，中缅边贸额 28.7 亿美元，同比增加 6.9%。其中，中方出口 17.6 亿美元，同比增长 9%；进口 11.1 亿美元，同比增长 3.9%，中方顺差 6.5 亿美元。

边境贸易的迅猛发展，扭转了我国同缅甸的贸易一直处于逆差的局面，使我国在对缅贸易中从逆差变为顺差，而且顺差额不断扩大。现在，中缅经贸关系全面发展，经贸规模和贸易额均达到了空前的水平。根据中国商务部统计的数据，2005 年，中缅贸易额为 12.1 亿美元，中国是缅甸第三大贸易伙伴。2006 年，中缅贸易额为 14.60 亿美元，中国上升为缅甸第二大贸易伙伴。2014 年，中缅贸易总额为 249.7 亿美元，同比增长 146%。中缅贸易占缅甸外贸总额的 33.2%，成为缅甸第一大贸易伙伴、第一大出口市场和第一大进口来源地。2017 年，中缅双边贸易额 135.4 亿美元，同比增长 10.2%。中方顺差近 45 亿美元。2018 年，中缅双边贸易额 152.4 亿美元，同比增长 13.1%。中方顺差 58 亿多美元。2019 年，中缅贸易额为 187 亿美元，同比增长 22.8%。中方顺差 59 亿多美元。2020 年 1 至 6 月，中缅贸易额 84.8 亿美元。中方顺差 26 亿多美元。我国出口到缅甸的商品主要有成套设备和机电产品、纺产品、化工原料、仪器仪表、机械设备、药品和摩托车配件等。缅甸有丰富的自然资源，我国从缅甸进口的商品主要有农产品、矿产品、水产品、木材、橡胶和玉石珠宝等。

缅甸是一个地道的农业国，大米是缅甸主要的出口产品，是缅甸换取外汇的主要手段，是缅甸的经济命脉。缅甸独立初期，由于英国殖民主义者实行单一的水稻种植政策，造成缅甸工业非常落后，几乎没有工业产品。因此，缅甸独立初期，为了满足国内需要，缅甸迫切需要出口大米换取外汇，购买工业用品和民众生活用品，以解燃眉之急。我国体谅缅甸的困难，多批次从缅甸购买大米，帮助缅甸渡过难关。根据中缅签订的协议，我国从 1954 年至 1961 年期间，先后从缅甸购买大米总计 80 多万吨。对此，缅方非常感动。1954 年，吴努总理访华，在周总理的欢迎宴会上，他说："我国有相当多的剩余大米，如果没有买主，我们会陷入窘境。同时，由于战争破坏的结果，我们的经济状况是很不能令人满意的。我们的复兴和行政工作的成功，完全取决于大米的销售。如果不能出售大米，那很可能会使整个国民经济的基础动摇。在这方面，你们伟大的国家同意购买我们 15 万吨大米，价值约 600 万英镑或 8000 多万缅元，我们认为这种慷慨的做法是对我国友好的一种证明。"1961 年 12 月 1 日，吴努总理指示即将访华的缅甸经济代表团说，缅甸应多采购中国商品，以报答中国大量购买缅甸大米，给予缅甸贷款的诚意。现在，大米仍然是缅甸主要出口创汇产品。据缅方报道，2020 年，截至 9 月份，缅甸通过边贸已经出口大米 40.25 吨，通过大贸出口大米 209 万吨，总计已经出口了 249.25 吨大米，创汇 7.76 亿美元，超额完成了 2020 年全年的出口任务。中国依旧是缅甸大米的主要进口国之一。据缅甸报道，从 2019 年 10 月至 2020 年 7 月，我国从缅甸进口大米 487623.290 吨万吨，碎米 150116.160 吨，总计进口缅甸大米 637739.950 吨，是缅甸的最大大米买主。

中华人民共和国成立以来，中缅两国除了贸易以外，两国在经济技术合作方面也取得了惊人的成绩和令人瞩目的成果。从经济结构上看，中缅经济技术合作具有很强的互补性。缅甸自然资源丰富，经济发展水平较低，工业生产水平落后，中国在技术、资金等方面有比较优势。中缅经济合作具有广阔的发展前景。

中缅两国经济合作始于 1961 年。1961 年 1 月 9 日，中缅两国政府在仰光签订了经济技术合作协定和支付协定。从 1961 年至 1993 年，中国先后向缅甸提供 10 笔援款，总金额 5.1810 亿元人民币。其中，有 7 笔为无息贷款，金额为 4.9746 亿元人民币。最大的一笔贷款是 1961 年 1 月 9 日，根据中缅两国政府在仰光签订的经济技术合作协定和支付协定，中国向缅甸提供的不附带任何条件和特权的 3000 万英镑无息贷款。这笔巨大的无息贷款，缅甸直到 1993 年仰光丁茵大桥建成通车才使用完。

从 20 世纪 60 年代开始，中国利用对缅援款承建了 18 个成套项目。其中包括滚弄吊桥、比邻糖厂、锡唐造纸厂、太可桥、直迈纺织厂、勃生堂纺织厂、瑞洞纺织厂、密铁拉纺织厂、斯瓦胶合板厂、第一胶球厂、毛淡棉火电厂、濑马钢铁厂、仰光丁茵大桥等建设项目。这些项目促进了缅甸工业的发展和经济状况的改善。

缅甸人利用密铁拉纺织厂和瑞洞纺织厂生产的棉布制作成衣向外国出口，赚取外汇。锡唐造纸厂的成功投产，改善了缅甸纸张短缺的状况。毛淡棉人用上了毛淡棉火电厂发的电照明，亲切地称其为"孟邦的小月亮"！滚弄吊桥是当时连接萨尔温江两岸的唯一纽带。滚弄大桥的胜利通车，打破了缅甸萨尔温江东岸多年以来的闭塞状态，盘活了该地区的经济发展，改善了当地人民的生活，受到一致称赞。现在，这座大桥已经不能满足中缅两国贸易运输的需要，中国将帮助缅甸建设一座新的滚弄大桥，大桥建成后，一座承重量更大、更新、更美的新滚弄大桥将横架在波涛奔涌的萨尔温江上，满载着进出口货物的大型卡车将在这座大桥上川流不息。仰光丁茵大桥是当时缅甸最雄伟、最美丽、最长的公路铁路两用大桥。1993 年大桥通车时，人大常委会副委员长布赫作为中国特使参加了通车仪式。缅甸副总理貌貌丁在致辞中说，以友谊为基石建造的这座桥梁竣工通车，方便了勃固河两岸人民的交往。这座桥是中缅传统胞波情谊建筑大道上的一个里程碑，是我们两国相互珍惜友谊的象征，是激励我们的子孙后代开展互利合作的友谊桥。

20世纪80年代至90年代，随着中缅两国睦邻友好合作关系的不断发展，两国在很多领域开展了广泛深入的合作，达成了许多共识。双方确定了经贸合作的五大重点领域，即农业开发、基础设施建设、自然资源开发、人力资源开发和加工装配。同时，在缅甸经济发展过程中，我国作为缅甸的友好邻邦，向缅甸提供了力所能及的信贷支持和经济援助。中缅两国在能源开发、水电站建设、基础设施建设、通信、能源等领域的合作成效显著。该时期，我国援缅承建的项目有仰光国家大剧院、仰光国家体育馆、邦朗水电站、仰光干船坞、仰光迪拉瓦集装箱码头、良栋大桥、玛吴彬大桥、亲敦江大桥、卑谬大桥、宾普纺织厂、达邦纸浆厂、蒂基燃煤火力发电厂、毛淡棉大桥、卫星地面站等大批项目，为缅甸的经济发展做出了积极的贡献。

进入21世纪，中缅经济技术合作呈现全面开花的大好形势。缅甸积极响应和配合习近平主席提出的"一带一路"宏伟设想和"人字型"中缅经济走廊计划的实施，积极构建中缅命运共同体，中缅经贸合作全面扩大，出现了崭新的发展局面。2001年12月12日，中缅双方签署了《中华人民共和国政府和缅甸联邦政府关于鼓励、促进和保护投资协定》。协定对给予彼此国家投资者最惠国待遇、国民待遇及例外、征收、损害及损失补偿等内容作出了明确规定。

据缅方统计，截至 2019 年 3 月，共有 49 个国家和地区在缅甸 12 个领域投资 1694 个项目，总投资额 796.05 亿美元。位于前五位的累计直接投资来源地分别为：新加坡，208.4 亿美元；中国内地，205 亿美元；泰国，112.09 亿美元；中国香港，81.22 亿美元；英国，45.21 亿美元。中国在前几年是缅甸第一大投资国，现在被新加坡超越，是缅甸第二大投资国。

我国在缅甸投资合作的中资企业主要有中石油东南亚管道公司、中国石油化工集团有限公司、中国电力投资公司、大唐（云南）水电联合开发有限公司、云南联合电力开发有限公司、汉能集团、中国水电建设集团、中国有色矿业集团有限公司、中国机械进出口总公司、中工国际工程股份有限公司、葛洲坝集团、云南能投联合外经股份有限公司、中国港湾工程有限责任公司、中国交通建设集团有限公司、云南省建设投资控股集团有限公司等。

在缅中资企业已建和在建的投资项目有：中缅油气管道、缅甸油气区块勘探、伊江上游水电开发、太平江一期水电开发、育瓦迪水电开发、瑞丽江一级水电开发、滚弄电站、哈吉水电站、勐瓦水电站承包工程、达贡山镍矿、蒙育瓦铜矿、缅甸铁路机车与车厢厂承包工程、孟邦轮胎厂改造、浮法玻璃厂、桥梁承包工程、其培电站、板其公路承包工程、仰光达基达 106 兆瓦天然气联合循环电站、木姐—提坚—曼德勒高速公路、仰光新城开发、仰光新会展中心、比鲁羌水电站（1 和 2）、照济水电站（1 和 2）、邦朗水电站、耶瓦水电站、KABAUNG 水电站、亚沙角水电站、楠宁 1 水电站、水津水电站、漂亮水电站、敏达水电站、水津水电站、德铁水电站、直通燃机联合循环电厂、仰光达基 LNG 快速发电厂、沙廉快速发电厂、1500 座一期通讯塔、1500 座二期通讯塔、皎漂 135 兆瓦燃气联合循环电站、曼德勒平安医院扩建、仰光环城铁路升级改造、皎喜 135.49 兆瓦燃气电站、皎施 135 兆瓦租赁电站、巩海水电站建设、缅甸第一条 500 千伏输电线路建设等。从 20 世纪 90 年代开始，我国电力企业开始在缅甸承包建设发电站。在他们的努力下，截至 2019 年 9 月，我国已经为缅甸建设了 40 余个电力项目，总计订单额高达 26 亿美元。其中，缅甸最大的内燃机发电项目皎喜燃气电站的建设，为当地 270 万民众提供了用电保障。耶瓦水力发电厂位于缅甸中部城市曼德勒附近，素有缅甸"三峡工程"之称。耶瓦水电站是缅甸在建和已建水电站中最大的水电站，年发电量达 35.5 亿千瓦时，占全缅甸用电负荷的 50% 左右，总装机容量为 79 万千伏，有力提高了缅甸电网的供电质量，对缓解缅甸曼德勒省电力供应的紧张情况、推动缅甸中部地区乃至全国的经济和社会发展发挥重要作用。

我国与缅甸的经贸合作的具有标志性的一个大项目是建成了中缅油气管道。中缅原油管道的起点位于缅甸西海岸皎漂港东南方的小岛马德岛，天然气管道起点在皎漂港。在中缅两国领导人的关怀下，中缅油气管道项目是中缅建交 60 周年的重要成果，是中国"一带一路"计划的具体实施。中缅油气管道于 2010 年 6 月 3 日开始建设，2013 年 5 月 30 日全线贯通。我国从中东阿拉伯进口的石油和天然气可以绕过马六甲海峡输送到国内。原油管道，缅甸境内全长 771 公里，国内全长 1631 公里，总长度 2402 公里；天然气管道，缅甸境内全长 793 公里，国内全长 1727 公里，总长度为 2520 公里。天然气管道每年能向国内输送 120 亿立方米天然气，原油管道的设计能力为 2200 万吨 / 年。中缅油气管道是继中哈原油管道、中亚天然气管道和中俄原油管道之后，又一条重要能源进口通道。它的建成对保证我国能源安全有着十分重大的战略意义。截至 2019 年 11 月 30 日，中缅油气管道项目累计为缅甸带来直接经济收益 5.2 亿美元。

据中国商务部统计，2018 年，中国企业在缅新签承包工程合同 116 份，新签工程承包合同额 27.66 亿美元，增长 39.1%，完成营业额 11.69 亿美元。累计派出各类劳务人员 2237 人，年末在缅劳务人员 2977 人。2019 年，中国企业在缅新签工程承包合同额 63.1 亿美元，同比增长 128%；完成营业额 18.6 亿美元，同比增长 59.3%。截至 2019 年底，中方企业在缅累计签订工程承包合同额 297.46 亿美元，完成营业额 193.99 亿美元。新签大型工程承包项目有：缅甸曼德拉中心车站项目、缅甸曼德 ACO 太阳能项目、缅甸亚太水沟谷经济特区房建项目。近年来，中国进入缅甸市场从事工程承包的企业共有 50 多家，主要承包的项目有电站、输变电、港口、机场、建筑、公路、桥梁和铁路等。

在中缅双方的共同努力下，中缅双边贸易和经济技术合作都取得了长足的进步，合作领域不断拓宽，硕果累累，已由原来的小规模贸易发展到目前的包括一般贸易、边境贸易、承包工程、投资工程等全方位的合作领域，遍及缅甸工业、农业、交通、能源、国防、通讯、化工、建材等各个行业。现在，中国已经成为缅甸第一大贸易伙伴国，第二大投资国。中缅双方贸易形势和经济技术合作形势，前景光明，一片大好。

（三）文化领域的交流与合作全面开花

中华人民共和国成立以后，中缅两国在文化领域的交流与合作全面开花，进入了新的发展阶段，取得了丰硕的成果。20 世纪 50 年代和 60 年代前半期，中缅两国关系友好，文化交流顺畅。60 年代末期，由于种种原因，两国关系处于低潮，中缅之间的文化往来曾一度被迫中断。1971 年以后，两国关系得到改善，文化交流随之恢复和发展。近年来，中缅两国在文化交流方面日趋密切，领域不断扩大，内容不断充实，文化团组互访频繁，中缅两国文化交流进入高潮。1996 年 1 月中缅两国在北京签署了《中华人民共和国文化部和缅甸联邦文化部文化合作议定书》，两国在宗教、文学、艺术、电影、新闻、教育、体育、考古等文化的各个领域开展了广泛的交流与合作。

1.文化代表团互访频繁

中华人民共和国成立以来，在中缅两国没有签订文化交流协定以前，每年中缅双方文化部门都经过友好协商，制定出当年的文化交流计划，互派文化团组访问、考察和演出。中缅两国文化代表团的访问和演出，促进了中缅文化交流，加强了中缅传统胞波友好关系。

1951 年底，应缅甸政府的邀请，以中央人民政府政务院文化部副部长丁西林为团长的中国文化代表团首次访问缅甸。这是中华人民共和国成立以后，我国首次访问缅甸的政府文化代表团。代表团在缅甸展出和放映了关于中华人民共和国的各种图片、中国古代艺术敦煌壁画摹本、中国美术工艺品等 7 部影片，受到缅甸各届人士的热烈欢迎。此外，代表团还应缅甸美术、音乐团体，以及仰光大学、作家协会等团体的邀请，报告了关于新中国的文化、艺术、教育等方面的发展情况。

1955 年 1 月 20 日，由郑振铎、周而复率领的中国文化代表团访问缅甸，团员有 60 多人。中国艺术家们在仰光大金塔西门外搭建的露天舞台上演出戏剧、音乐、舞蹈等节目，受到缅甸各界朋友的热烈欢迎和称赞。中国代表团除了在仰光演出外，还到缅甸第二大城市曼德勒演出。1960 年 1 月至 2 月，以楚图南为团长的中国文化友好代表团访问缅甸。代表团及其率领的中国民族歌舞团先后在仰光、曼德勒、东枝、毛淡棉等城市演出，受到缅甸人民的热烈欢迎。缅甸领导人奈温将军接见了中国文化友好代表团以及中国民族歌舞团全体成员。1980 年，由时任文化部副部长姚仲明为团长率领的中国政府文化代表团访缅。1985 年，由时任文化部部长朱穆之为团长的中国政府文化代表团访缅。1990 年，由时任文化部副部长刘德有为团长的中国政府文化代表团访缅。

1952 年 4 月，由缅甸文化部长宇吞帕为团长的缅甸政府文代表团首次访问我国。代表团共有 15 名团员，包括国会议员、大学教授、音乐家、电影导演、报社总编等。代表团在我国逗留 6 周，先后访问了北京、天津、沈阳等 10 个城市。缅甸代表团访华期间，北京市各届人士举行了千人集会欢迎缅甸代表团来访。毛泽东主席为代表团举行茶话会，周恩来总理设宴招待全体团员。①

1959 年 9 月至 10 月，由缅甸文化部部长吴漆东为团长的缅甸文化友好代表团一行 5 人访问我国，参加了中华人民共和国成立 10 周年庆典。毛泽东主席、周恩来总理、陈毅副总理接见了代表团。代表团访华期间，先后访问了北京、西安、合肥、上海、杭州、武汉、南宁、昆明等地。在此期间，前来我国访问的缅甸代表团还有缅中友好协会理事、仰光大学教授达拉博士率领的缅中友协代表团、缅甸联邦最高法院首席法官吴敏登率领的缅甸友好代表团等。1960 年 8 月，以吴巴盛为团长的缅甸文化友好艺术团访问我国。

1982 年，由缅甸文化部部长吴昂觉敏为团长的缅甸政府文化代表团访华。2008 年 9 月，以钦昂敏为团长的缅甸文化代表团访华，参加第十届亚洲艺术节。2009 年 8 月，缅甸文化部部长钦昂敏率领缅甸文化代表团访华，参加在内蒙古鄂尔多斯举办的亚洲文化部长圆桌会议，并派由 12 人组成的艺术团参加第十一届亚洲艺术节活动。2011 年 10 月，缅甸宣传部部长兼文化部部长吴觉山率团参加了在重庆举办的以"东盟文化周"为主要内容的第十二

①　详见孙维学、林地主编：《新中国对外文化交流史略》，中国友谊出版公司，1999 年版第 56 页。

届亚洲艺术节。2012 年 11 月，缅甸文化部部长吴埃敏玖率团访华。2014 年 4 月，缅甸副总理吴年吞率领缅甸政府代表团和艺术团访华。签署了《中缅两国政府互设文化中心备忘录》和《中缅两国政府促进文化遗产领域交流与合作协议》。

进入 21 世纪以来，中缅各种类型的访华团频繁互访，呈现百花争艳的局面。2008 年 7 月，缅甸记者代表团访华。2009 年 11 月，中国新闻代表团访缅。2012 年 8 月，缅甸新闻代表团访华。2013 年初，中缅两国艺术家合拍《舞乐传奇》在瑞丽开机。2013 年，我国拍摄的《金太郎的幸福生活》等 50 多部电视片在缅甸正式播放。2014 年 3 月至 8 月，《婚姻保卫战》在缅甸开始播放，《舞乐传奇》在缅甸仰光举行首映式，六小龄童成功访问缅甸，中央电视台（CCTV）记者站在仰光挂牌。2015 年 9 月初，中缅正式签署了《中缅两国政府互设文化中心协定》。中缅建交 65 周年专题图片和 2015 年国庆专题图片在缅甸首都内比都展出。2016 年 8 月，中国国际文化传播中心代表团访缅。2018 年中国历史代表团访问缅甸。2019 年缅甸媒体代表团访华。文化交流全面展开，呈现一派大好形势。

近几年来，中缅文化交流全面开花，中缅两国大文化范畴的交流与合作成果丰硕。通过举办"中国文化月""中国电影周""缅甸文化周""歌颂中缅胞波深情诗歌大赛""欢乐春节大联欢""情满中秋"联欢晚会、"感知中国""东方美、中国梦、胞波情"歌舞晚会、"中国馆"在仰光大学揭牌等一系列活动，进一步传播了中国文化，拉近了中缅两国之间的距离，中缅两国人民的心离得更近，中缅两国人民的感情更深，中缅传统的胞波友谊更加牢固。

2.宗教交流与合作

宗教是文化的重要组成部分，宗教交流有助于促进民心相通。佛教是中缅文化交流的重要内容，在中缅两国的文化交流中占有重要的比重。中国现有佛教寺庙 1.3 万余座，出家僧尼约 20 万人，在中国一亿多宗教徒中多数是佛教信徒。缅甸人信仰佛教者占缅甸总人口的 89.24%，僧侣有 56 万，按照 2019 年缅甸人口 5150 万人计算，缅甸有佛教徒 4609 万人，还有众多沙弥和尼姑。中缅两国自古以来就有佛教交流活动。

中华人民共和国成立之初，中缅开始派遣佛教代表团互访。1955 年 4 月至 5 月，以中国佛教协会会长喜饶嘉措大师率领的中国佛教代表团一行 13 人访问缅甸。代表团先后访问了仰光、曼德勒等 11 个城市。吴努总理宴请代表团全体成员，缅甸联邦佛教协会会长吴敦、副会长吴登貌会见了代表团。

1955 年 10 月，以吴登貌为首的缅甸联邦佛教代表团访问我国，周恩来总理设宴招待代表团全体成员。代表团曾到南京、上海、杭州参观访问。

1954 年 5 月至 1956 年 5 月，缅甸为了纪念佛祖释迦牟尼涅槃2500 周年，在仰光和平塔人造佛窟举行了第六次佛经结集，南亚、东南亚上座部佛教国家斯里兰卡、泰国、老挝、柬埔寨、缅甸等国的 2500 位比丘参加了这次佛经结集，中国、印度、巴基斯坦等国也派代表列席参加。

1956 年 5 月 16 日，应缅甸佛教协会的邀请，以中国佛教协会祜巴勐副会长为团长，赵朴初、大悲为副团长的中国佛教代表团，应邀赴缅甸参加佛陀涅槃 2500 周年纪念活动以及第六次佛经结集大会的闭幕典礼。祜巴勐副会长在大会上发表了祝辞。[①]

1960 年，喜饶嘉措会长第二次率领中国佛教代表团访问缅甸。1961 年 6 月 16 日，缅甸世界佛教徒联谊会主席吴千吞率领缅甸佛教代表团访问我国。1963 年，中国佛教协会赠送缅甸 3 尊佛牙舍利塔复制品，缅甸供奉在仰光、曼德勒和内比都，以供缅甸人长期瞻礼膜拜。现在，缅甸已经在仰光和曼德勒分别建筑了一座佛牙塔，将我国赠送的佛牙复制品供奉其中。每天前往朝拜者络绎不绝，不计其数。

20 世纪末和进入 21 世纪以后，中缅佛教交流开辟了新的领域。1996 年 4 月 24 日，应缅甸政府的邀请，中国佛教协会派遣伍地格德地、达摩塞噶、伍西涅翁那、心源、宏扬五位比丘到缅甸留学，在缅甸国立佛教大学接受 5 年的上座部佛教传统教育，学习科目主要有戒律、阿毗达摩、《吉祥经》《法句经》、佛教史、佛教常识、巴利文、缅文、缅甸文学、英文，还有原始巴利经典。2000 年 12 月 12 日，五位比丘留学生考试合格，获得缅甸政府颁发的高级学位证书，于 2001 年 3 月 28 日学业结束回国。这批佛教留学生回国后，有的成为我国南传佛教的中坚力量，有的成为沟通南北佛教的重要人士，为中缅民心相通做出了突出的贡献。这五位中国比丘留学生赴缅学习小乘佛教经典，是中缅文化交流

---

① 中国佛教协会：《中国佛教协会五十年》下册，2003 年第 390 页。

史上的一件大事，是对中缅佛教交流的一种开创性的突破，为中缅佛教交流谱写了新篇章。2012 年 6 月至 2013 年 11 月，北京大学张哲博士，作为公派访问学者，到缅甸仰光国际上座部佛教大学研究小乘佛教。他是我国教育体系第一位到缅甸佛教大学研究小乘佛教的学者。

2001 年 9 月，缅甸宗教部部长率领缅甸宗教代表团访问我国，赠送中国玉佛一尊，供奉在八大处灵光寺，并参加了盛大的玉佛开光仪式。2013 年 3 月 22 日，应缅甸佛教协会的邀请，中国佛教协会明生副会长、浙江省佛教协会光泉副会长、云南省瑞丽市佛教协会诏等傣会长一行访缅，在缅甸首都内比都获得缅甸政府颁发的"最胜大正法放光幢"与"胜大正法放光幢"宗教勋章。代表团还参加了总统斋僧仪式、内比都欧巴达丹蒂佛塔诵经法会以及缅甸各界供僧仪式。

北京灵光寺供奉的佛牙舍利是世界佛教徒心中的圣物，作为智慧与和平的象征，曾为各国人民送去了无量佛德。2013 年 6 月，为了感谢缅甸人民和佛教界对佛牙舍利的虔诚信仰和尊敬，中国政府决定赠送缅甸三颗佛舍利等

北京灵光寺门殿及佛牙舍利塔

身塔，以满足缅甸佛教徒对真身舍利瞻礼的强烈愿望。这是中国第一次将佛牙舍利塔按照原样复制赠送他国。为此，北京灵光寺特请工匠采用传统鎏金工艺，镶嵌珍珠、绿松石、南湖玛瑙等 800余颗珍宝，按照原样复制了三颗佛牙舍利供奉于三座等身塔内，一并赠送给缅甸。6 月 1 日，北京灵光寺举行赠送佛牙舍利等身塔的开光起驾法会。6 月 10 日，第一尊、第二尊佛牙舍利等身塔驾临缅甸曼德勒和内比都。12 日，第三尊佛牙舍利等身塔驾临仰光。6 月 21 日，仰光晴空万里，艳阳高照。著名的仰光大金塔寺院内梵音绕梁，香烟缭绕，捐赠仪式按照佛教礼仪隆重举行。中缅两国高僧大德诵经祈福，祝愿中缅两国风调雨顺，国泰平安。善男信女齐呼善哉，顶礼膜拜。其后几天，内比都和曼德勒也分别举行了佛牙舍利安奉仪式。中国将佛牙舍利等身塔赠送给缅甸，是中缅友好和文化交流的有力见证。

2014 年，缅甸政府向我国捐建了一座缅式佛塔。佛塔建在河南洛阳白马寺。这是一座纯缅甸式佛塔，依照仰光大金塔样式，以 3:1 的比例缩小，通高 32.92 米，塔基底座径 51.71 米，底层为展览厅。大金塔的东、西、南、北各有一道主门。这四道主门，以及缅甸佛塔苑的围墙，完全按照贡榜王朝的缅甸曼德勒皇宫样式直接移植过来，以喜庆的红色和富丽的金色为主色调。东、西两方除主门之外还各有一个简约的小门，高 3.75 米，小门上用缅甸文字写有"大金塔"字样。佛塔于 2012 年 4 月开工，2014 年 6月落成。缅甸援建的洛阳白马寺的缅式大金塔的落成是中缅文化交流的又一个例证。

　　2017 年 8 月 23 日，应缅方邀请，以学诚大和尚为团长、纯闻大和尚为副团长的中国佛教代表团一行抵达缅甸仰光。在缅甸访问期间，代表团参加了"缅中两国佛教界祈祷世界和平法会"。缅中两国法师诵经祈福，至诚祈祷佛光普照，国泰民安，中缅友谊万古长青。中缅两国高僧携手，以佛教弘传为精神纽带，促进两国人民文化交流，互助互惠，友谊长存。

　　2019 年 6 月 21 日，缅甸国家中央僧伽委员会主席库玛拉毕万萨博士长老率领缅甸高僧代表团一行 18 人访华，在北京访问了广济寺中国佛教协会、八大处灵云寺瞻拜佛牙舍利，并到西安访问，参观了兵马俑、法门寺，瞻拜了佛指舍利。

　　佛牙巡展是中缅佛教交流的典范，对深化中缅友谊、增进双方互信，发挥了重要作用。应缅甸政府要求，北京灵光寺佛牙舍利分别于 1955 年、1994 年、1996 年和 2011 年，先后四次赴缅甸巡展，供信众瞻礼膜拜。

　　1955 年 10 月，经中缅两国协商，缅甸第一次用专机迎奉我国佛牙至仰光，供缅甸人民朝拜。缅甸联邦派遣以大长老和政府高官组成的代表团专程来华迎奉佛牙。周恩来总理接见了缅甸代表团一行。缅甸政府吴巴宇总统和吴努总理以及缅甸政府全体高级官员到机场迎候。缅甸仰光市民倾城出动，当迎奉佛牙的彩车从机场走向市区时，一路上缅甸人匍匐在道路两旁，顶礼膜拜，虔诚祈祷，竞相布施。中国佛牙舍利安放在仰光和平塔大圣窟内，缅甸成千上万人前往瞻仰朝拜，络绎不绝，盛况空前。

　　1994 年 4 月至 6 月，我国佛牙应缅甸政府和佛教徒的礼请，第二次赴缅巡展，前后历经 45 天。中国佛教协会派遣佛牙舍利护送团和护法团护送佛牙访缅。迎送佛牙的专机到达仰光上空时，从飞机的舷窗望去，黑压压的人群看不见边际。机场上的人群，手持彩旗，怀抱鲜花，群情高昂，翘首以待。飞机着陆后，大片的群众虔诚地跪在炽热的水泥地上，向着佛牙舍利顶礼膜拜。佛牙舍利被请在彩车上，由两头彩饰的大象驾着，前往仰光和平塔大圣窟。迎接佛牙舍利队伍的最前面，由警车开道，依次是乐队、歌咏队、摄影队。车队浩浩荡荡，不见首尾，人流的长河一眼望不到头。佛牙舍利被安放在和平塔大圣窟。从 4 月 20 日到 6 月 5 日，来自缅甸全国各地的佛教徒 450 万人瞻仰和朝拜了中国佛牙舍利。

1996 年 12 月 6 日至 1997 年 3 月 5 日，中国佛牙舍利应缅方的请求，第三次到缅甸巡展，前后长达 90 天。中国佛教协会赵朴初会长在广济寺会见了以缅甸宗教部部长苗纽中将为团长的迎请佛牙舍利代表团全体团员。我国佛牙舍利巡礼缅甸时，受到缅甸举国朝拜，倾城而出，万人空巷，竞相布施，盛况空前，朝拜捐赠者络绎不绝，不计其数。

2011 年 11 月 6 日至 12 月 24 日，中国佛牙舍利第四次巡游缅甸，供缅甸人民瞻仰朝拜。这次巡礼，是应缅甸总统吴登盛访华时提出的要求进行的。从 11 月 6 日至 12 月 24 日，前后 48 天，在缅甸内比都、仰光、曼德勒等地接受贡奉。

中国佛牙舍利先后四次赴缅甸接受瞻礼供奉，是中缅宗教交流史上的盛事，它不但加强了两国佛教徒在共同信仰基础上的友好合作，同时也极大地促进了中缅两国的文化交流，增强了中缅两国人民的传统胞波友谊。2019 年，缅甸僧王代表团访华，向中国政府表达了希望佛牙舍利再一次到缅甸巡展的愿望。

佛塔是佛陀的象征，是活着的释迦牟尼，是缅甸人心中崇拜的圣地。缅甸全国佛塔比比皆是，城里有，村头有，山上有，水中有，千姿百态，金光闪闪，令人目不暇视，是缅甸的一道极其亮丽的风景线。蒲甘是缅甸蒲甘王朝的都城，古时建有约 5000 座佛塔，现存还有 2217 座，真是"牛车之声响不断，蒲甘佛塔数不完"。2016 年 8 月，缅甸蒲甘发生强烈地震，蒲甘古城许多座佛塔在这次地震中损坏。他冰瑜佛塔是蒲甘最高佛塔，塔高约 61 米，是蒲甘具有代表性的佛教标志性建筑，在地震中严重受损。我国第一时间表示愿意向缅甸提供援助，帮助他们修复受损佛塔。2018 年，我国捐出 2 亿元人民币给缅甸，帮助缅甸修复在地震中受损严重的他冰瑜佛塔，并派出国家一流的文物修复专家赴缅甸，与缅方专家一起，对他冰瑜佛塔进行全面修复。修复以后，将成为中缅友好的新象征。

2018 年 3 月 1 日，缅甸政府为来自缅甸、中国、斯里兰卡、尼泊尔、泰国、老挝、柬埔寨、俄罗斯、韩国、日本、印度等数十个国家的数百位高僧大德颁发政府宗教勋章。中国佛教协会副会长、云南省佛教协会副会长、德宏傣族、景波族自治州佛教协会会长召祜巴等傣多次受缅方邀请到缅甸内比都、曼德勒、东枝等地为缅甸信众讲经说法，弘扬了佛教，深化了中缅胞波情谊，受到缅甸佛教徒的热烈欢迎。缅甸政府为了表彰召祜巴等傣对中缅文化交流的贡献，先后两次为其颁发特殊贡献勋章，并受到国务资政昂山素季的亲切接见。

3.文学交流与合作

中缅建交以后，文学交流与合作快速发展，两国作家之间也建立了直接的联系，作家代表团互访频繁。缅甸现代著名作家德钦哥都迈、佐基、敏杜温、德贡达亚、吴登佩敏、加尼觉玛玛礼、妙丹丁、吴翁伦、杜阿玛、梯拉西都等人都曾先后到中国访问。中国著名作家曹禺、茅盾、老舍、周扬、王蒙、王充闾、苑坪玉、郑彦英、胡平等也访问过缅甸。当代两国作家自1990年以来几乎每年都专门组成作家团相互进行访问。这种作家界的往来更是直接促进了两国文学与文化方面的交流。他们在访问回国后写过不少介绍对方的观感、随笔、游记等，体裁也多种多样，有诗歌、有散文、有专论，甚至有的作家在出访后还出版了访问专辑。缅甸作家吴佩登1952年访华以后，在报刊上发表了大量介绍中国的文章，并出版了《我亲眼看见的新中国》一书，其中包括淮河水利工程、沈阳机械厂、抚顺露天煤矿、工人新村、佛教等内容。缅甸曼德勒《人民报》编辑吴拉访华后撰写出版了《劳动模范访问记》专著。缅甸作家德贡达亚出版的《乾陀罗》、耶波丁貌出版的《人民中国》，向缅甸人民介绍了中华人民共和国的成就。1954年12月，吴努总理率领缅甸政府代表团首次访问中国。在中国逗留了17天，访问了广州、汉口、北京、沈阳、长春、鞍山、大连、南京、上海、杭州等城市。回到仰光以后，批示出版《中缅友谊录》一书。该书内容，辑录了包括吴努在内的7位访问中国的人士撰写的访华记录。其中，有吴努总理撰写的《中缅友谊》、吴敏登撰写的《走遍东方大地》、吴温佩撰写的《盛情好客之乡》、吴丹撰写的《我所见到的新中国》、昂基撰写的《友谊——和平》、德格多·廷季撰写的《我之所见》、杜钦素撰写的《确是百花齐放》。1961 年 4 月，缅甸作家协会主席沙瓦那、副主席吴登佩敏应中国作家协会邀请访问我国，中国作家协会主席茅盾会见并宴请了缅甸客人。同年，缅甸著名作家、翻译家妙丹丁访华，会见了中国著名文学家郭沫若、茅盾、巴金、曹禺等。1961 年 8 月至 9 月，中国人民保卫世界和平委员会主席郭沫若率团访问缅甸，会见了缅甸著名作家、列宁和平奖金获得者德钦哥都迈，并将自己的《百花齐放》诗集赠送给德钦哥都迈。1986 年，中国作家代表团访问缅甸。这是中缅恢复友好关系以后第一个访问缅甸的作家代表团。1994 年 6 月，缅甸作家代表团访华，缅甸诗人吴貌钮回国后出版了《吴貌钮访华诗抄》。2018 年 9 月，中国作家协会书记处书记、中国作家出版集团管委会主任吴义勤访缅。2019 年 7 月，缅甸作家协会副主席漆乃一行访华，参加中国东盟国家文学论坛。2019 年 10 月，缅甸畅销书作家乃温敏等 16 人访华，开展"缅甸文学进高校活动"。2019 年 11 月，云南省作协主席范稳等 4 人应缅甸作协邀请，赴缅参加澜沧江、湄公河文学奖。中缅文学家互访，促进了中缅两国的文学交流。

4.图书译介交流与合作

在中国国内对缅甸作品的译介大约始自 20 世纪 50 年代初。初期，国内一些学者是从英语翻译成汉语的。如施咸荣译貌阵昂《缅甸民间故事》（译自英文）、谭得俅等译缅甸诗人诗集《人民需要明朗朝霞》（选入德钦哥都迈等 13 人的 15 首诗，译自俄文）。

从缅甸文直接译成中文的始自 20 世纪 50 年代末，第一个缅文直译成中文的作品是北京大学缅甸语专业师生集体翻译的貌廷著《鄂巴》。缅文短篇小说译文载于中国刊物上始于 60 年代初期，最早的是林煌天译佐基的《玛丁老头》和敏杜温的《扎耳朵眼仪式》在《世界文学》杂志上先后发表。到了 70 年代末 80 年代初直接译自缅文的文学译作也逐步多了起来。比如姜永仁翻译的缅甸作家丹瑞的《迷宫》（国外文学）、敏野的《报复》（外国文学）、丁昌的《强颜欢笑》（外国文学）、《义凭》（译海）等。除了一些缅甸短篇小说或剧作发表外，出版的单行本也有所增加。如林煌天编译《缅甸短篇小说选》。出版的长篇小说有：戚继言译八莫丁昂《鄂奥》、贝达勉译吴登佩敏《旭日冉冉》、姚秉彦等译缅甸女作家加尼觉·玛玛雷的《不是恨》、李谋等译詹姆斯·拉觉的《情侣》、季莲芳等译德格多蓬乃的《别了，夏日之夜》等。从缅文直接译成的中文诗歌有：李谋《缅甸的实验文学运动》中有实验文学诗歌数首，华宇庆编外国历代著名短诗欣赏集《金果小枝》收入了《卜巴神山》《翠湖颂》，梅贵《短短的烟袋》、吴邦雅《更胜一筹》、塞耶佩《金钱》、佐基《戴缅甸紫檀花的姑娘》与敏杜温《她的喜悦》等缅甸古今名诗 9 首。李谋、张哲编译的《缅甸诗选》是我国学者第一次翻译出版缅甸的诗歌集。该时期，一些缅甸古典作品也开始被中国翻译工作者们译介给中国读者。如李谋译《信第达巴茂可碑文》[①]蔡祝生译信摩诃拉达塔拉《九章》诗片段、李谋译吴邦雅《卖水郎》诗剧等[②]。缅甸有很多民间故事，缅甸作家吴拉就整理出版了40多本缅甸各民族民间故事。我国学者最早将缅甸民间故事译介给读者的是殷涵译《缅甸民间故事》、姜永仁主编《缅甸民间故事》、杨国影主编《缅甸民间故事》等。此外，我国学者还翻译出版了缅甸的一些政治、经济等书籍。比如姜永仁、段晓辉、焦小帕主编的《缅甸联邦经济法律法规汇编》，赵维扬、李孝骥翻译的《缅甸政治与奈温将军》，赵德芳、李秉年翻译的《英缅战争史》和李秉年、赵德芳翻译的《缅甸反法西斯斗争史》等。

《琉璃宫史》是1829—1832年缅甸编写的一部权威性史学巨著，也是现代以前东南亚本土出现的一部最优秀的历史著作。从某种意义上讲它不仅是一部缅甸史巨著，也是一部权威的文学、佛教名著，是一部关于缅甸的百科全书。李谋、姚秉彦、蔡祝生、汪大年、季莲芳、赵敬、韩学文等7位学者，历经20多年，终于翻译出版的这部缅甸的史学巨著，为中缅文化交流做出了杰出的贡献。

缅甸学者翻译出版的中国政治书籍也很多。早在中缅建交初期，1951年元月，毛泽东的《实践论》就被翻译成缅文，由《飞

---

① 译文见《中外关系史译丛第一辑》，上海译文出版社，1984年6月版第72～75页。

② 译文见季美林主编《东方文学作品选》上册，湖南人民出版社，1986年9月版第503～525页。

鹰日报》发表。此外,《中国人民解放军》《胜利的第一年》以及《新中国妇女》等也被译成缅文发表。该时期,缅甸学者将中国出版的政治书籍翻译出版的还有:《新中国的共同纲领》《新中国的曙光》《新中国的第一年》《新民主主义论》《新民主主义的宪政》《论联合政府》《论党内斗争》《论共产党员的修养》《论党》《走出云团的月亮》《中国的社会主义工业化和农业合作化》《新中国的劳工法》《中华人民共和国劳工安全条例》《中华人民共和国宪法》《宋庆龄为新中国所作的努力》《中国共产党人的商品生产观和商品交易观》及爱德加·斯诺著《大洋彼岸》《中国革命战争的战略问题》《为获取中国民主革命中的无产阶级领导权而斗争》《中国共产党三十年》《中国新民主主义革命史》《斯大林与中国革命》《论反对日本帝国主义的策略》《长征》《论人民民主专政》《中国人民解放军简介》《毛泽东向中央的报告》《毛泽东的实践论和矛盾论》《毛泽东传略》《毛泽东选集和民族团结主义》等。2019 年缅甸还翻译出版了习近平主席的《习近平谈治国理政》第一卷,受到缅甸人民的热烈欢迎。

中华人民共和国成立后,最早在缅甸翻译出版的文学作品是 1950 年貌悉都根据《白毛女》剧本改写的小说。20 世纪 50 年代缅甸翻译出版的中国文学作品有:敏昂、拉吴合译的袁静、孔厥的《新儿女英雄传》、谬温译的鲁迅的《阿 Q 正传》和德钦妙丹译的刘白羽的《火光在前》等。

20 世纪 60 年代,我国著名小说被缅甸作家译成缅文出版的有妙丹丁翻译出版的曹禺的《日出》,德钦妙丹、貌奈温翻译出版的陈昌奉的《跟随毛主席长征》、貌貌丁翻译出版的周立波的《暴风骤雨》、吴哥哥基翻译出版的周立波的《山乡巨变》、梭棉翻译出版的茅盾的《子夜》、觉莱尼（敏昂）翻译出版的郭沫若的《屈原》、貌貌丁翻译的出版柳青的《创业史》等。中国出版的《中国革命史》《中国共产党历史》《中国民间故事》和《中国历代诗歌选》也在缅甸翻译出版。缅甸著名作家敏杜温还在杂志上翻译发表了陈毅副总理访缅友好诗篇和侯宝林的著名相声脚本《夜行记》。

20 世纪 70 年代，缅甸翻译出版的中国文学作品有貌奈温选编的《鲁迅小说选》、德都编译的《世界短篇小说选》中选了中国著名作家鲁迅的《药》等四篇短篇小说。20 世纪 80 年代上半叶在缅甸文坛兴起了翻译中国武侠小说热，武侠小说翻译出版占缅甸当年翻译作品总量的比例呈逐年上升趋势。1981 年为 68 部，占 42%；1982 年为 86 部，占 49%；1983 年为 100 部，占 45%；1984 年为 150 部，占 58%；1985 年为 274 部，占 72%；1986 年215 部，占 68%。[①] 虽然这类小说的文化品味并不高，其社会意义也不大，但这也表明金庸、古龙、梁羽生等人的作品受到缅甸读者的青睐，成为他们的主要消遣读物。70 年代，我国文学作品译成缅文出版的有《鲁迅小说选》等。

20 世纪 80 年代，缅甸文坛对中国文学的译介又有了新发展。中国古典文学名著被一些著名作家译成缅甸文。敏杜温译白居易《骠国乐》，在《秀玛瓦》杂志第 5 期上发表。缅甸当代著名作家、

---

① 据 [缅]《翻译文学研讨会论文集》（一），缅甸文学宫出版社，1990 年版第 90 页所引数字。

翻译家妙丹丁根据英译本将我国古典名著《红楼梦》翻译成缅文（9卷本）出版，并摘取了当年缅甸国家文学奖中的"小说翻译奖"。妙丹丁还翻译出版了施耐庵的《水浒传》，敏杜温翻译出版了白居易的《卖炭翁》《新丰折臂翁》《观刈麦》等多首名诗。缅甸语言学家吴吞丁翻译出版了《毛主席诗词》，获得我国的文学翻译奖。缅甸作家还翻译出版了《中国一瞥——改革开放时期的短篇小说选》。近两年，缅甸学者还将我国学者王介南、王全珍的《中缅友好两千年》翻译成缅文正式出版。

中华人民共和国成立以后，中缅两国文学家、翻译家多次互访，并互译了大量中缅两国的文学作品，双方互相学习，互相借鉴，互相影响，促进了中缅两国文学的繁荣与发展，也加深了两国人民的相互了解，巩固了中缅两国人民的"胞波"友谊，使"胞波"友谊又绽放出绚丽的花朵。

缅甸通过出版我国的文学书籍，对缅甸文学创作产生了积极影响，给缅甸文坛吹进了一股新风。袁静、孔厥的《新儿女英雄传》翻译成缅文后，缅甸社会各界人士，尤其是文学界人士纷纷发表谈话或撰写文章表示祝贺和赞扬。缅甸著名作家吴登佩敏在为《新儿女英雄传》缅译本撰写的序言中说："不仅为缅甸读者提供了欣赏真正人民性文学作品的机会，也为缅甸作家创作人民性的文学作品提供了学习的榜样。"[1]1913年，缅甸作家吴拉创作的小说《茉莉花》，明显有中国章回小说的痕迹。貌廷的名著《鄂巴》，从

---

[1] 王介南、王全珍：《中缅友好两千年　纪念周恩来总理到德宏四十周年》，德宏民族出版社，1996年版第223页。

内容到表现手法，都受到鲁迅《阿 Q 正传》的影响。缅甸作家敏新的短篇小说《谢谢》同鲁迅的小说《一件小事》如出一辙。缅甸 20 世纪 80 年代出版的《刀山敢上，火海敢闯》无论从名字到内容均与我国同时期的小说相似。

5.教育交流与合作

中华人民共和国成立以来，中缅两国的教育交流一直不断，交流领域不断扩大。1960 年 1 月，我国著名的东方学家季羡林受邀访问缅甸，参加缅甸举办的缅甸学会成立 50 周年纪念活动。

1960 年，以缅甸仰光大学教务长为团长的缅甸教授团访华。20 世纪 80 年代，北京大学向缅甸仰光大学捐赠了一批珍贵图书。1991 年，以仰光大学历史系教授吞昂钦为团长、仰光大学历史研究所行政负责人杜尼尼敏（奈温夫人）在内的缅甸历史学家代表团一行 5 人访问北京大学。1993 年，以北京大学副校长张学书为首的中国教育代表团访问缅甸。2004 年，中缅签署了《中华人民共和国教育部与缅甸联邦政府教育部教育合作谅解备忘录》，推动了中缅两国教育领域交流与合作的发展。2010 年 8 月，应教育部部长袁贵人邀请，缅甸教育部长千迎博士率团参加了在贵阳举办的第三届"中国—东盟教育部长圆桌会议"。

近年来，我国多所高校与缅甸高校签订校际交流与合作协议。2014 年 6 月 5 日, 云南师范大学与仰光大学签署校级交流合作协议, 这是我国国内第一家与缅甸仰光大学签署校际交流与合作协议的高校，双方决定共同开展可再生能源、遥感与地理新技术、农作物繁育与栽培、语言文化交流等领域的合作。2014 年 6 月 26 日，广西民族大学与缅甸曼德勒外国语大学签署了校际交流与合作协议，双方决定在培养外语人才方面进一步加强交流与合作。2015年1月14日，北京外国语大学与仰光大学、仰光外国语大学签署合作谅解备忘录，推进两国大学校际交流、教师交流、开展学术研究和图书馆资料信息的交换。2015年7月，云南民族大学与仰光大学、仰光外国语大学、曼德勒大学签署了校际交流与合作协议。2016年3月2日，广西民族大学与缅甸仰光外国语大学签署了校际交流与合作协议，双方将在互派教师和留学生方面加强交流合作，我国高校与缅甸高校的交流与合作从此全面展开。

缅甸仰光大学校园一角

　　从 1958 年开始，根据两国政府协商，中缅两国开始交换留学生。初期规模较小，每年就两三个人。主要在仰光大学缅语系学习，时间是 3 年，不参加考试，不发文凭。到 20 世纪 80 年代和 90 年代前后，中缅互派留学生人数略有增加，但幅度很小，平均每年中国赴缅留学生四五个人左右，缅甸赴华留学生一般有 10 个人，主要到北京大学、武汉大学、北京航空航天大学等学校学习。中国留学生主要到仰光外国学大学缅语系学习或者进修，同样不发文凭，但要求写一篇论文，出具学习证明。我国到缅甸留学生和进修生生源主要是来自高校缅甸语专业的学生和教师，到缅甸学习或者进修缅甸语。缅甸赴华留学生有学习中文的，也有学习历史以及理工科专业的。互派留学生享受中缅两国政府提供的奖学金。进入 20 世纪以后，中缅两国互派留学生大幅增加。近年来，缅甸赴华留学生分为公派留学生和自费留学生。2016 年，公费生 322 人，自费生 5340 人，总计 5662 人。2017 年，公费生 432 人，自费生 5801 人，总计 6233 人。2018 年，公费生 544 人，自费生 8092 人，总计 8573 人。2019 年，公费生 612 人，自费生 3920 人，总计 4532 人。缅甸政府统计的数据显示，2016 年以来，由缅甸政府派遣，赴国外留学的总人数为 18553 人，其中，派往中国的有 3556 人，中国为缅甸第二大派出留学对象国。我国派往缅甸的留学生，2017 年为 224 人，2018 年为 244 人，2019 年为 317 人。目前，缅甸仰光外国语大学、仰光大学、曼德勒大学、曼德勒外国语大学接收外国留学生，近年来，中国留学生人数居赴缅外国留学生总人数的第一位。我留学生主要在缅甸学习和进修缅甸语，也有学习缅甸舞蹈和缅甸小乘佛教的留学生。缅甸来华的留学生学习的领域比较广，涉及语言、经济、体育、自然科学等学科。

除此以外，我国还接受了很多缅甸短期培训生，涉及汉语、教育、文化、医疗、经济、贸易、金融、行政管理、工业、农业、渔业、林业、通讯、航空、能源、媒体、警务、法律环保、城市管理、灾害预防与管理等多个领域。据统计，仅 2016 年，中国商务部为缅甸各部门培训各类人员 759 人次，其中官员研修班 619 人次，技术培训班 132 人次，硕士 8 人。2016 年，缅中友好协会与缅甸教育部共同从缅甸各地选派了 182 名机械留学生到中国各地工程学院学习。

最早，我国高校的缅甸语教学任务主要是由解放初期从缅甸回来的华侨教师担任，他们为我国的缅甸语教学做出了杰出的贡献。比如北京大学的任竹根、施振才老师、北京外国语大学的粟秀玉老师等。后来，在我国高校缅甸语专业教学基本上都是这些老师培养出来的缅甸语教师承担，但每年都有从缅甸聘请缅甸语专家来我国各高校任教，教授缅甸语。比如，北京大学先后聘请了缅甸专家吴吞丁、吴甘钮、吴勉丹、吴丹崔、杜基基摩等；北京外国语大学聘请过的缅甸专家有吴温蒙；云南民族大学聘请的缅语专家有：吴丁敏、吴昂登、杜阿玛尼、吴泰伦、吴觉当、吴拉敏、吴昂觉温、吴廷温、吴通貌、吴通埃、吴昂敏欧、杜宁宁、杜钦摩摩、杜玛拉、杜推推奈、杜伦玛乌、杜钦妙乌、杜珊珊温。广西民族大学聘请的缅语专家有：乃文博士、杜瓦底敦、杜索索敏。这些缅甸语专家缅语造诣很深，对华友好，勤奋工作，为我国的缅语教育事业做出了积极的贡献。

近年来，我国缅语教学发展很快，设立缅语专业的高校迅速增多。为了保证教育质量，我国高校缅语专业一般都采用"3+1"或者叫"2+1+1"模式教学，"3+1"模式是在国内学习3年，到缅甸学习1年。"2+1+1"模式是在国内先学习2年，到缅甸学习1年，回国后再在国内学习1年，实质是一样的。有的学校学生到仰光外国语大学缅语系学习，有的学校学生到曼德勒外国语大学缅语系学习，费用由学生自理。这种教学模式，极具优越性，不仅调动了学生学习缅甸语的积极性，提高了学生的口语表达能力，学到了地道的缅甸语，而且使学生认识缅甸，了解缅甸国情和缅甸文化，有利于毕业后参加工作。

我国在缅甸的孔子学院发展迅速，总计已经有3所孔子课堂，汉语教师一般都由我国汉办派出，他们不仅在缅甸教授缅语，还传播了友谊的种子，为中缅两国人民世代友好夯实了基础。现在，缅甸的3所孔子课堂为曼德勒福庆孔子课堂、仰光的东方语言与电脑学苑孔子课堂以及福建同乡会福星学苑孔子课堂。

北京大学东语系是我国最早设立缅甸语教学专业，招收缅甸语学生。据统计，从1949年至今，北大东语系缅甸语专业已经培养出20届本科毕业生240余人，16届硕士研究生约24人，博士生3人，均已毕业。目前，北京大学东语系缅甸语专业培养的学生分布中央各部以及全国各地外事部门或者经济部门，从事与缅甸语相关的口译和笔译工作或者外事工作。他们当中，有的人当了大使，有些人当了参赞，有些人当了大学教师，很多人在涉缅经济公司或者企业单位从事翻译工作，还有的在国家机关从事研究工作。除了北京大学以外，全国招收缅甸语学生的高等学校还有北京外国语大学、云南昆明民族大学、广西南宁民族大学、南京国际关系学院、洛阳解放军外国语学院、云南大学、天津外国语大学、广东外语外贸大学、云南师范大学、滇西科技师范学院、云南保山学院、云南财经大学、云南司法警官职业学校、西双版纳职业技术学院、德宏师范高等专科学校、玉溪师范学院、红河学院、海南外国语职业学院、四川外国语大学、普洱学院、贵州大学、云南农业大学等。缅甸语毕业的本科生人数，仅云南民族大学截至 2019 年，就有毕业生 629 人，现有在读缅甸语学生 142 人。全国在读缅甸语学生人数尚无确切统计。

缅甸仰光外国语大学和曼德勒外国语大学都设有汉语系，教授汉语和中国文化，培养汉语翻译和研究人员。学生主要为华侨后代，也有一些缅甸人。一般情况下，学校规定学习汉语的学生要求本科毕业生，而不是从高中毕业生中直接招收。这两所大学汉语系招收本科生、硕士生和博士生。另外，福庆学校孔子课堂开设汉语班的大学有曼德勒大学、曼德拉学院、耶德纳蓬大学、胶瑟科技大学、胶瑟机械学院、胶瑟生物研究院、彬乌伦耶德纳蓬科技大学、密铁拉经济大学、密铁拉理工大学、缅甸国防大学、中央消防学院、望濑大学、蒙育瓦大学等。2013 年，缅甸成立了曼德勒云华师范学院，是由曼德勒同乡会创办的一所以培养华文教师为主、兼顾基础教育和职业培训的综合性学校，也是迄今为止，东南亚唯一的一所华文师范类学校。2014 年被侨办评为"华人教育师范学校"。曼德勒云华师范学院在普及华文教育、传播中华文化方面发挥了积极作用。

我国高校缅甸语专业学生所使用的缅语教材，都是老师编著的教材。据统计，我国缅甸语教师编著的缅甸语教材有北京大学缅甸语教研室汪大年、韩德英、姜永仁、计莲芳编著的《缅甸语基础教程》（4 册，1990）；姜永仁编著的《缅甸语口语教程》（2003）；汪大年、林琼、杨国影、姜永仁、姚秉彦、李谋编著的《缅甸语教程》（6 册，2005）；北京外国语大学周思贤、张铁英、陈雪华、许清章、编著的《缅甸语》（4 册，1993—1995）；张铁英、李建编著的《新编缅甸语》（第一册，2007）；赵瑾编著的《现代缅甸语》（第二册，2011）；张铁英编著的《缅汉会话》（1999）；张铁英、赵瑾编著的《缅汉翻译教程》（2003）；张铁英编著的《缅甸现代文选及缅甸文学简况》（1998）；洛阳解放军外国语学院钟智翔编著的《缅甸概论》（2014）；尹湘玲编著的《缅甸语口语教程》（2015）；钟智翔编著的《缅甸语阅读教程》（1、2）（2018）；钟智翔编著的《基础缅甸语》（1、2、3、4）（2012、2013、2013、2014）；钟智翔编著的《高级缅甸语》（2016）；钟智翔编著的《缅汉翻译教程》（2012）；钟智翔编著的《缅甸语语法》（2014）；尹湘玲编著的《缅甸语写作教程》（2012）；蔡向阳著《缅甸语汉语—汉语缅甸语精编词典》（2017）。

近年来，中缅教育合作又结出新的硕果。在中国驻缅大使馆和企业的帮助下，为了解决缅甸学生上学难的问题，由中国企业出资，在缅甸修建了 20 多所中缅友好学校，一定程度上缓解了缅甸校舍短缺的困难。

6.体育交流与合作

　　体育交流是文化交流的重要组成部分。中华人民共和国成立和缅甸独立以后，在中缅双方的共同努力下，中缅两国的体育交流与合作密切，两国体育代表团互访频繁。

　　20 世纪 80 年代以前，缅甸没有一座实际意义上的体育馆。为了缅甸的体育运动的发展，为了提高缅甸人民的身体素质，由中国政府出资援建缅甸一座国家体育馆。缅甸国家体育馆，位于仰光，1982 年开始施工建设，1986 年 3 月，竣工移交。项目占地 6.95 公顷，总建筑面积 2.6 万平方米，包括一个主体建筑和 8 个子项，可以容纳 10853 人，是 20 世纪 80 年代东南亚地区体育馆中难得一见的万人馆。项目建成以后，我国还无偿向缅甸提供了体育设备。自缅甸国家体育馆建成以来，历经 30 多年，成功举办了很多场大型体育比赛和体育活动，为促进缅甸的体育事业的发展发挥了重要的作用，为提高缅甸人民的体质做出了积极的贡献。近年来，体育馆的部分设施已经难以适应现代体育训练和赛事要求，我国政府决定出资帮助缅甸政府对仰光国家体育馆进行升级改造。2019 年 8 月 11 日，中华人民共和国商务部和缅甸联邦共和国卫生和体育部联合就"中国援建缅甸国家体育馆维修改造项目"在仰光国家体育馆举行开工剪彩仪式。该项目资金由中国政府无偿提供，由上海建工集团有限责任公司负责项目施工，对部分设施进行现代化改造。项目竣工后，缅甸国家体育馆将以其完善的功能、先进的设施，更好地为缅甸人民的体育文化生活服务。仰光国家体育馆是象征中缅友谊的标志性建筑，是中缅文化交流的重要例证，它见证了中缅友谊的发展历程，被缅甸人民誉为"中缅友谊的丰碑"。

进入 21 世纪以来，中缅两国体育交流与合作更加活跃。2003 年 2 月 27 日，中国国家体育总局副局长、国家武术协会主席李志坚率领中国体育代表团访问缅甸。2010 年 11 月，缅甸体育部长杜雅吴埃敏率领 118 人体育代表团访华，参加第十六届亚洲运动会。2011 年 12 月，国家体育总局局长刘鹏率团访缅，签署了《中华人民共和国国家体育总局与缅甸联邦共和国体育部体育合作协议》。2012 年 11 月，由缅甸体育部副部长吴丹泰率领的缅甸体育代表团一行访华，同中方就缅甸举办第二十七届体育运动会进行了协商。

为了帮助缅甸筹办第二十七届东南亚运动会，中国政府决定，应缅方要求，向缅方提供无偿援助。2012 年 12 月 26 日，由 28 名体育教练组成的援缅教练组抵达仰光，开始为期一年的为缅甸培训运动员工作。这次援缅教练有田径教练、武术教练、射击教练和体操教练。除此以外，中方还邀请 170 多名运动员到中国训练，中国在场馆建设、教练培训、运动员训练方面给予缅甸很大的帮助。同时向缅方提供训练器材和比赛器材，帮助缅方建设竞赛管理系统，为缅方办好第二十七届东南亚运动会，为提高缅甸运动员的水平做出了积极的贡献。

2013 年 11 月 11 日，刘延东副总理率领有 700 多名文化体育专家和技术人员访问缅甸，应邀参加了第二十七届东南亚运动会开幕式，并会见了缅甸总统吴登盛。刘延东副总理对吴登盛总统说："中方珍视中缅胞波情谊，视缅甸为利益与共、安危相系的利益共同体和命运共同体。双方要从战略和长远角度，牢牢把握两国关系的正确方向，确保中缅关系持续稳定发展。" 2014 年，中国足球队访问缅甸。2020 年 1 月 17 日，习近平主席出访缅甸时，同缅甸总统吴温敏共同见证了《关于两国足球协会合作谅解备忘录》等人文领域双边合作协议的换文。

近年来，中缅在地方群众体育运动方面的交流与合作进一步加强。中国云南省瑞丽与缅甸举办了多项体育赛事。2014 年举办了中缅足球联赛、中缅藤球比赛。2015 年举办了中缅山地自行车越野赛、第 15 届足球运动会，缅方有 5 支球队参加。2016 年，中缅胞波节举办藤球比赛，中缅胞波节健身健美大赛，中缅胞波国际拔河大赛，中缅胞波民族体育竞技比赛。2017 年，举办木姐国际马拉松赛。这些体育赛事，活跃了边境人民的生活，增强了人民的体质，同时也加强了中缅两国人民的胞波友谊。

7.艺术交流与合作

中华人民共和国成立至今，中缅表演艺术团体往来频繁，两国先后多次派遣文艺团体相互访问演出。通过艺术团体的互相访问和演出，两国艺术家互相学习借鉴，不但促进了音乐、舞蹈的相互交流与学习，而且也使两国人民进一步加深了相互了解，为中缅文化交流做出了积极的贡献。

中华人民共和国成立以来，中国访缅艺术演出团有：1955 年 1 月 20 日，郑振铎、周而复率领由六十多人组成的中国文化代表团访问缅甸。中国艺术家在仰光大金塔西门外搭建的露天舞台上演出中国戏剧、音乐、舞蹈等节目，受到缅甸朋友的热烈欢迎。2月15日又到缅甸第二大城市曼德勒演出。缅甸总统吴巴宇、总理吴努观看了中国文化代表团的演出。1956年12月至1957年1月，以吴文为团长的中国艺术团访问缅甸。在长达30天的访问中，中国艺术团先后在仰光、曼德勒、毛淡棉等城市演出，观众达十万余众。吴努总理为该团举行茶话会并赠送银杯作为纪念。前总理吴巴瑞也接见了该团并赠送的金质根德耶金像。1960年1月，以林林为团长的中国民族歌舞团访问缅甸，先后在仰光、曼德勒等地演出中国民族歌舞。1962年1月至3月，丁西林率领中国实验芭蕾舞剧团访问缅甸。缅甸吴努总理、奈温将军、各党派和群众团体的领导人出席了开幕式。缅甸联邦总统吴温貌观看演出并接见了剧团全体成员。缅甸领导人和各届朋友对中国芭蕾舞艺术家的演出给予很高的评价。著名作家吴登佩敏以《看不厌，听不腻》为题发表文章，盛赞中国芭蕾艺术。中国访缅艺术演出团还有：由马寒冰任团长的中国文化艺术代表团（1956年9月）、中国北京杂技团（1957年3月）、由刘明辉、谢富治任正副团长的云南歌舞团（1957年4月）、张致祥率领中国文化艺术团（1960年12月）、由楚图南任团长的沈阳杂技团（1963年12月）、以空政文工团为主的中国民族艺术团（1965年1月）、由北京实验京剧团组成的中国青年京剧团（1966年1月）、武汉杂技团（1973年3月）、广州歌舞团（1977年12月）、广东青少年杂技团（1978年4月）、云南歌舞团（1980年11月）、沈阳杂技团（1982年11月）、烟台京剧团（1983 年 11 月）、重庆歌舞团（1984 年 12 月）、贵州省杂技团（1986 年 1 月）、中国广西艺术团（1987 年 1 月）、中国民乐艺术团（1988 年 1 月）、中国艺术团（1991 年）、山东京剧团（1992 年）、沈阳杂技团（1993 年）、海南歌舞团等（1994 年）、中国艺术团（2010 年 6 月）、中国残疾人艺术团（2011 年 10 月）、中国杂技团（2012 年 4 月）、澳门艺术团（2014 年 1 月）、中国歌剧舞剧舞蹈艺术团（2014 年 2 月）、广东歌舞艺术团（2014 年 9 月）、七彩云南艺术团（2014 年 9 月）、以中国著名歌唱家杨洪基、郭蓉为首的"文化中国、四海同春"艺术团（2015 年 1 月）等。

同时期，缅甸表演艺术团也多次访问中国。1955 年 9 月至 11 月间，缅甸国家计划、宗教事务兼文化部部长吴温率领缅甸联邦文化代表团一行 70 人访问我国。这是缅甸政府第一次派遣大型文艺团体到我国访问演出。毛泽东主席、周恩来总理观看了演出，周总理还设宴款待代表团全体成员。代表团除了演出以外，还同中国音乐家协会、中国戏剧家协会、中国舞蹈艺术研究会举行了座谈会，交流了彼此的经验体会。1960 年 8 月至 9 月，缅甸文化部秘书吴巴盛率领缅甸联邦文化友好艺术团访问我国，先后在北京、上海、武汉、南宁、昆明等地进行了历时一个多月的访问演出，受到中国观众的欢迎。周恩来总理观看了演出，并接见了艺术团团长吴巴盛和主要演员。1960 年 9 月至 11 月，以苏敏上校为团长的缅甸文化代表团访问中国。代表团由缅甸电影演员、轻音乐演奏家等 166 位艺术家组成，先后在北京、上海、杭州、广州、昆明等地演出 15 场。周恩来总理和正在中国访问的缅甸吴努总理和奈温将军出席了演出开幕式。缅甸访华演出的艺术团还有：缅甸文化舞蹈音乐团（1978 年 7 月）、缅甸文化舞蹈团（1982 年 8 月）、缅甸艺术团（1990 年 10 月）、缅甸歌舞团（1992 年）、缅甸艺术团（1998 年）、缅甸艺术团（2008 年）、缅甸艺术团（2009 年）、缅甸艺术团（2010 年）、缅甸艺术团（2011 年）、缅甸艺术团（2014 年）等。

1985 年 3 月，李先念主席访缅时，代表中国政府和中国人民向缅甸政府和缅甸人民无偿援建一座室内剧场，双方并签署了议定书。缅方决定剧场建在仰光德贡区，离中国驻仰光大使馆很近，缅方将其命名为"缅甸仰光国家艺术剧院"。剧院 1988 年 3 月开始动工修建，1990 年 6 月竣工。剧院占地 3.47 万平方米，总建筑面积 1 万平方米，座席 1500 个。剧院内设有舞台、化妆室、排练厅、贵宾接待室、同声传译室、电影放映室等，是一座多功能、设备先进的大型现代化剧场，是缅甸最大也是最重要的文化演出场所。仰光国家剧院建成 30 多年来，为缅甸文化艺术的发展做出了不可磨灭的贡献，也为中缅文化交流做出了积极贡献。

8.电影界交流与合作

中华人民共和国成立以来，中缅两国通过电影代表团访问，开展互放影片和举办电影周等活动，促进了两国电影界的交流。早在中缅建交当月，我国影片《百万雄师下江南》即在缅甸做商业性放映。1951 年 10 月 20 日，为了庆祝缅中友协成立，缅甸放映了中国电影《普天同庆》。1956 年 4 月至 5 月，缅甸著名电影导演吴仰乃率领缅甸电影代表团访问我国。代表团在华期间，先后访问了北京、长春、鞍山、南京、上海、广州等地，参观了北京电影制片厂、长春电影制片厂，并与中国电影界人士座谈。1960 年 12 月至 1961 年 1 月，以我国八一电影制片厂厂长陈播为团长的中国电影代表团访问缅甸。代表团成员有崔嵬、张瑞芳、秦怡、王丹凤、田华、秦文等。代表团参观了缅甸谬马、瑞曼、曼德勒等电影制片厂。1960 年 10 月，为了庆祝中缅边境条约签订，中缅友协在中国举办缅甸电影周，放映了《悲欢离合》《忠诚的爱》《雨与泪》《哥与妹》《亚德那崩》《一个船夫的命运》《轮回》等缅甸影片。周恩来总理与正在中国访问的吴努总理和夫人、奈温将军和夫人出席了电影周开幕式。1961 年 1 月，我国在仰光举办了中国电影周，开幕式上放映了中国纪录片《欢迎你，缅甸胞波》。缅甸吴努总理和奈温将军参加了首映式。该时期，我国还将《天仙配》《欢庆十年》《刘少奇主席访问缅甸》等 18 部影片赠送给缅甸。[①]20 世纪 80 年代，由于各种原因中缅之间的电影交流逐步呈下降趋势。进入 21 世纪以来，中国的纪录片、电视剧、电影大量进入缅甸放映，受到缅甸人民的欢迎，丰富了缅甸人民的精神生活。据不完全统计，近年来我国纪录片在缅甸放映的有：《海上丝绸之路》（2017）、《指尖上的中国》（2017）、《一带一路》（2018）、《稻米之路》（2018）、《一方水土》（2019）、《中国人的活法》（2019）等 6 部 40 集纪录片。在缅甸放映的电视剧有：

---

① 详见孙维学、林地主编:《新中国对外文化交流史略》，中国友谊出版公司，1999 年版第 144 ～ 145 页。

《金太郎的幸福生活》（2013）、《婚姻保卫战》（2014）、《门第》
（2014）、《李小龙传奇》（2017）、《美丽的秘密》（2017）、
《琅琊榜》（2018）、《冰与火的青春》（2018）、《红楼梦》
（1987版2019）、《西游记》（1986版2019）、《三国演义》（1994
版2019）、《你是我的眼》（2019）、《我的博士老公》（2019）、
《好大一个家》（2019）等16部543集电视剧；我国电影进入缅
甸放映的有：《大唐玄奘》（2017）、《功夫瑜伽》（2017）、《唐
人街探案》（2018）、《滚蛋吧，肿瘤君》（2018）、《战狼2》（2018）、
《红海行动》（2018）、《羞羞的铁拳》（2018）、《旋风女队》（2019）、
《奇门遁甲》（2019）、《六年六天》（2019）、《最后一公里》
（2019）、《西红柿首富》（2019）、《欢乐颂》（2020）、《父
母爱情》（2020）、《儿女情更长》（2020）等15部。中国的电
视剧、电影，尤其是《红楼梦》《西游记》《三国演义》《包青天》
以及大批的功夫片，在缅甸的知名度很高，深受缅甸人民的喜欢。
如果你问缅甸小朋友，你长大了做什么样的人，他们就会毫不犹
疑地说："我长大了要当包青天！""要当展昭！""要当孙悟空！"
走在仰光街头，只要你说自己是中国人，马上会有当地人兴奋地
对你喊道："嘿！包青天！展昭！"2008年，缅甸文化部部长率领
文化代表团访华，在河南接受中国记者采访时说："我在电视里看
过中国的电视剧《包青天》，缅甸很多人都知道张龙、赵虎、王朝、
马汉的故事，但我最欣赏的还是展昭。"2012年，中国东盟博览
会期间，缅甸总统接受中国国家电台独家采访时说："中国电影电
视剧很早就进入了缅甸，我在很早的时候已经看过中国电影。所

以我想这方面的合作不会存在障碍。你们翻译好，配好音的电视剧，我很想看。我本就是中国电视剧的忠实观众。"伴随着中国经典电视剧以及中国其他电影、电视剧、新闻纪录片走进缅甸普通百姓的生活，《三国演义》《西游记》主题曲在缅甸各地传唱，关羽、孙悟空、包青天、展昭等成为缅甸几乎人人敬仰、羡慕和效仿的大英雄，中国文化潜移默化，春雨润地细无声，在缅甸人民中传播，有利于中缅文化交流，有利于中缅两国人民心心相通。

从 2017 年开始，中国每年在缅甸各地举办中国电影节，免费在缅甸各地放映经过缅语配音后的中国电影，受到了缅甸普通民众的热烈欢迎，开创了中缅文化交流、民心沟通的新途径。2019 年，中国电影节在缅甸首都内比都昂德贝电影院举行开幕式，在内比都、仰光、曼德勒、腊戍四地免费为缅甸观众放映了《湄公河行动》《6 年 6 天》《旋风女队》《最后一公里》《西虹市首富》《奇门遁甲》等 6 部中国优秀影片，受到缅甸观众的热赞。此外，中方还在中缅油气管道沿线村镇举办露天电影放映。这些活动既传播了中国的优秀电影文化，又加深了中国与缅甸基层民众的友好关系，有利于相互了解和心灵相通，有利于"一带一路"计划的实施和中缅经济走廊的建设。

9.著作出版交流与合作

中华人民共和国成立后至今，我国缅语界人士编写缅甸语工具书，著书立说，先后出版了关于缅甸语的工具书和关于缅甸国情的书籍，这些书籍向我国人民介绍了缅甸的自然、地理、矿藏、信仰、历史、文学、文化、经济、社会等情况，加深了我国人民对缅甸和缅甸人民的了解，促进了民心相通，夯实了中缅友谊。

我国缅甸语学者编写出版的缅甸语工具书有：《缅汉词典》（1990），由北京大学东方语言文学系缅甸语教研室编著。来自缅甸的语言专家吴吞丁、吴甘钮参加了词典的编写工作。词典共收入缅甸语词汇6万余条，是一部功能全面的收入词条最多的外国人编写的缅甸语汉语词典。《汉缅大词典》（1987）由王子崇编撰。该词典以现代汉语为主，兼收古代汉语，共收入6.5万词条，内容丰富，是不可多得的缅语工具书。2019年，这部巨著经作者进一步修改完善，已经再版，受到中缅两国人民的热赞。《简明汉缅缅汉词典》（1995），由北京大学东方学系缅甸语言文化教研室编著。全书汉缅部分收入词条9000余条，缅汉部分收入词条14000余条，是一部以基本词汇和常用词汇为主的实用性强的词典。《汉英缅分类词典》（2004），由北京大学东语系缅甸专业姜永仁教授主编。全书共分政治、经济、外交、法律、军事、工业、农业、科学技术、文化艺术、宗教、体育等22个类别，总计收入词条25000余条。缅甸专家吴丹崔教授和中国国际广播电台吴索伦先生对词典进行了审阅。钟智翔主编《英缅汉—汉缅经贸词典》（2005）。

我国旅缅华侨陈孺性先生历经10多年编撰出版了《模范缅华大词典》（1962），这是历史上第一部缅华词典，既填补了缅汉词典编著方面的空白，又为中缅文化交流架起了一座桥梁。《袖珍缅华词典》（1963）是这部词典的缩编小词典。《模范缅华大词典》问世后，《华缅词典》（1963）在仰光出版，这是一部汉缅分类词典，李一氓大使为该词典题名。

　　我国的缅甸语学者撰写出版的关于缅甸的书籍有：以沛著《缅甸》（1949），王宝珏著《缅甸人民的解放斗争》（1951），朱志和著《缅甸》（1957），赵松桥著《缅甸地理》（1958），史晋五著《缅甸经济基本情况》（1961），汪永泽著《缅甸》（1979），中山大学东南亚历史研究所编《缅甸简史》（1979），徐世民著《伊洛瓦底江的侨歌》（1986），韩学文著《缅甸咖咙会抗英起义》（1987），杨长源、许清章、蔡祝生编《缅甸概览》（1990），王介南著《缅甸爱国诗人德钦哥都迈》（1990），郑祥鹏编《黄绰卿诗文选》（1990），毕重群著《缅甸采访随笔》（1991），张兵、赵勇民著《中缅剿匪秘闻》（1992），贺圣达著《缅甸史》（1992），工业腾编著《缅甸　佛光普照的神奇国度》（1993），姚秉彦、李谋、蔡祝生编著《缅甸文学史》（1993），贺圣达主编《当代缅甸》（1993），云南省社会科学院德宏经济研究所主编《对缅边境贸易指南》（1993），余定邦、喻常森、张祖欣编著《缅甸》（1994），王全珍编著《缅甸》（1995），王介南、王全珍著《中缅友好两千年》（1996），韩德英著《缅甸经济》（1996），汪大年编著《缅甸语概论》（1997），姜永仁编著《对缅甸投资贸易研究与指南》（2000），林锡星著《中缅友好关系研究》（2000），李谋、姜永仁著《缅甸文化综论》（2002），卓人政主编《殷殷胞波情》（2003），王介南、王全珍著《缅甸，佛光普照的稻米之国》（2005），尹湘玲著《21世纪缅甸文学研究》（2008），朱海鹰著《论缅甸民族音乐和舞蹈》（2008），汪大年著《缅甸语与汉藏语系比较研究》（2008），贺圣达、王世录主编《缅甸局势新发展与滇缅经济合作》（2009），李晨阳著《军人政权与缅甸现代化进程研究》（2009），汪大年著《缅甸语汉语比较研究》（2012），钟智翔、尹湘玲、扈琼瑶、孔鹏编著《缅甸概况》（2012），李谋、林琼译著《缅甸古典小说翻译研究》（2013），姚秉彦、李谋、杨国影著《缅甸文学史》（2014），汪大年、杨国影主编《实用缅甸语语法》（2016），汪大年、蔡向阳著《缅甸语方言研究》（2018）等。

该时期，缅甸学者编著出版的著作有：丁貌编《中国民间故事》（第一、二集），塞耶谦著《中国的国家主人》，登佩敏著《毛泽东关于民主的论述》，缅中友协编《缅中友好》，纳瓦德著《中国使节莅缅记》，吴拉貌与杜丁丁著《中国使节莅缅散记》，缅中友协编《革命浪潮遍中国》，缅甸宣传部编《历史悠久的缅中传统友谊——苏貌将军访华记》，缅甸华侨欢迎周总理筹备委员会编《在新高峰上的中缅友谊录》，他农著《孙逸仙博士》，瑞吴东著《我所见到的中国》，吴登佩敏著《毛泽东的教导》，杜丁推著《中国古代文明》，貌貌钮博士著《访华记——我所见到的中国及其文学界》，德格多貌都莱著《中国佛牙舍利与文化交往大事记》，貌克吞著《关于中国寓言》，貌貌吞著《中国故事选》，杜阿玛著《社会主义国家旅行记》，戚基耶基纽著《四个时期的中缅关系》，杜瑞瓦编《中缅会话》等。

10.美术交流与合作

中华人民共和国成立至今，中缅两国互办文化艺术展览，介绍彼此的文化艺术以及发展的成就，取得了良好的效果。1951年初，重点介绍我国解放战争以及各方面发展成就的中华人民共和国图片展览在当时缅甸首都仰光开幕，除了图片以外，还有木刻、湘绣和景泰蓝制品。缅甸总理、外长以及各国驻缅甸外交使节出席了展览开幕日，观众达 15 万人次。1954 年 11 月，中国人民对外文化协会在仰光举办了中国工艺美术展览会，历时约两周，观众达 11 万余人次。缅甸总理吴努和夫人、缅甸文化及教育部部长和海军司令等高级官员参观了展览。1955 年 11 月，中国工艺美术展览会在缅甸仰光展出，历时 11 天，观众达 11 万人次，有 8000 多人写了观感。蒲甘是缅甸的古都，缅甸文化的中心，缅甸艺术的宝库。1959 年 10 月，缅甸文化部部长吴漆东率领缅甸文化代表团访问我国，并在北京举办缅甸蒲甘壁画（复制品）展览。进入 20 世纪 80 年代，我国在缅甸举办的展览增多。这一时期，中国小型雕刻展、中国年画展、中国工艺挂屏展、浙江版画展、中国工艺品展等先后到缅甸展出，受到缅甸人的欢迎。同时期，缅甸绘画展、缅甸艺术展、缅甸民间传统手工艺展也来华展出。[1]2015 年，中缅建交 65 周年专题图片、2015 年国庆专题图片、中国政府和中国使馆援缅洪灾区图片等，先后在中国大使馆、内比都第二国际会议中心、仰光喜都纳饭店展出。

11.医疗卫生交流与合作

从古代开始，中缅两国曾在传统医药方面进行交流。柚木的木屑浸水可治皮肤病，煎汤可治咳嗽。据《蛮书》记载，早在八世纪中期，柚木就已经因其药用价值而从缅甸流入云南。唬拍是

---

① 详见孙维学、林地主编:《新中国对外文化交流史略》，中国友谊出版公司，1999 年版第 58、144、262 页。

我国常用药，对血症、经痛、疮疡都有疗效。据《广志绎》记载，这位药是从缅甸孟密运来的。据《别录》中记载，我国古代传统中药中的犀角，也来自缅甸恩梅开江附近。鸡舌香、兜纳香、桐华布、坷珠、贝、艾香等药物早在唐朝以前就通过民间贸易传入我国。戈·埃·哈威在《缅甸史》中称，缅甸南北朝时期的南朝勃固王朝为"白古国"，中国称其为"古剌（辣）国"。明朝永乐元年，古剌国产的酒在永乐时驰名于中国。在古剌沿海，出产一种丹尼棕酿造的尼柏酒（Nype Wine），其味甚醇，据说缅甸伊洛瓦底江三角洲的人都喜欢饮用它，连妇女也不例外。《滇系》四之一记载："古剌酒出缅甸，其水贮之器，数十年不干，取以酿

鸡舌香树上的花朵

酒，可以久留，故曰古刺。"《本草纲目拾遗》卷 1 中记载："古刺，地名，古刺水（酒）乃三宝太监何求很之物，天下只有十八瓶。其瓶以五金重重包裹，其近水一层乃真金也，水色如酱油而清，乃房中药一也。"《池北偶谈》12 卷《詹曝杂记》卷 4 中记载，古刺酒是明代从缅甸传入的。据史籍记载，在古代，我国中医中药也传入了缅甸。我国东晋医药学家、名医葛洪曾经去过缅甸。缅甸独立以后，吴登吞敏撰写出版了《中国的针灸医疗》一书，把中国的传统针灸技术介绍到缅甸。在现代，缅甸仰光、曼德勒、毛淡棉、勃生，密支那等主要城市都有中医诊所，规模或大或小，遍布缅甸全国各地。华侨老中医，国内中医医师在缅甸开办中医诊所和中药房，问诊、诊脉、针灸、按摩、开药方，每天都应接不暇。除了华侨华人外，不少缅甸人也慕名而来，请中医给他们诊脉看病，吃中药调理身体。中医中药治疗看病在缅甸由小范围到大范围，不断扩大，成为缅甸医疗事业的一种辅助。2019 年，为了推动中缅两国在传统医学领域的交流与合作，推广利用中医药为缅甸民众减轻病痛，中国—缅甸中医药中心于 8 月 27 日在缅甸第二大城市曼德勒揭牌成立。该中心 2018 年经中缅双方有关单位批准建立，由中国云南中医药大学与缅甸传统医药局、缅甸传统医科大学合作建立的。中心将致力于推进中缅两国传统医药的交流与合作，承担中医药专业技能培训工作，开展中医药国际医疗服务，造福于缅甸人民。据悉，现在，缅甸的一些传统医院已经开设针灸科室，采用中医针灸治疗疾病。中心还计划与缅方合作，开展传统医药种植、研发、生产、销售工作，并对区域内药用植物资源保护及生态适应性进行合作研究，以实现传统医学的长期可持续发展。

进入 21 世纪以来，中缅两国开始在医疗卫生方面开展交流与合作。缅甸民盟执政以后，我国 10 多家医疗和慈善机构在缅甸开展"光明行"义诊活动，至今已经累计进行了 27 次，为缅甸近 6000 多名患者成功实施了白内障手术。中缅两国有关单位还共建中缅眼科中心，开展对缅甸医护人员的培训工作。2017 年 10 月云南中医学院开办"缅甸中医针灸推拿技能交流培训班"。2017 年 12 月，首家中缅友好医院——杜钦基妇产医院，在中国驻缅大使馆和中国和平发展基金会的资助下竣工，现在已经移交并正式启用。我国援建的中缅友好医院包括在昂山将军的故乡——纳茂建设的纳茂医院等。

12.农作物交流与合作

缅甸北部地区种植的苹果树、梨树以及桑树是由中国传入的。缅甸处于热带和亚热带地区，盛产热带水果和蔬菜。比如香蕉、芭蕉、榴梿、杧果、奶油果、橘子、椰子、棕榈果、柠檬等比比皆是。但是，苹果和梨子只有缅甸最北部的省份可以生长。因此，品种不多，产量很少，在缅甸是属于非常珍贵的水果。1963 年 2 月 18 日，中国根据 1961 年中缅两国签订的经济技术合作协定，将一批梨、苹果和葡萄树苗运到缅甸。1965 年 9 月，缅甸把中国运去的 3000 棵梨和苹果树苗分拨给钦族、克钦族和掸族的农民种植。1964 年 10 月，缅甸农林发展局蚕饲料研究代表团从中国带回 500 棵桑树苗，1965 年 9 月在掸邦彬乌伦移植成功。现在，这些苹果树、梨树和桑树都已经开花结果，为缅甸人民带来了经济效益，不仅促进了缅甸地方经济的增长，同时也改善了当地人民的生活，是中缅文化交流的结晶。

2017 年 11 月 19 日，仰光中国文化中心正式揭牌成立。外交部部长王毅、缅甸宗教事务与文化部长昂哥在缅甸首都内比都共同为仰光中国文化中心揭牌。缅甸国务资政兼外交部部长昂山素季见证了揭牌仪式。仰光中国文化中心位于仰光市阿隆区核心地段，使用面积 1342 平方米，设有展厅、多功能厅、图书馆、培训教室等功能空间，可进行小型演出、展示、培训、讲座研讨、信息服务等活动，是弘扬中华文化、开展中缅人文交流、展示中国形象的新的活动场所。文化中心的设立，是健全中缅文化交流机制的重要途径，为中缅义化交流提供了重要的空间和平台，极大地促进了中缅文化交流活动的开展。中国文化中心自设立以来，通过授课、办展览、放电影等活动，使中缅文化交流领域不断扩大，使缅甸朋友进一步了解了汉语知识、中国成就、中国传统节日、中国风俗等中国文化的元素，促进了中缅文化交流和民心相通。今天，中缅两国的文化交流在两国领导人的关怀和引领下，在中缅两国人民的共同努力下，正稳步健康地向前发展，已经赶上和超过了历史上的最好时期。

"君住江之头，我住江之尾，彼此情谊深，共饮一江水"，中缅两国山相连，水相依，犹如一条纽带把中缅两国人民紧紧连在一起。民族同源，血脉相连，文化相似，习俗相近，中缅亲如一家人。亲戚须常走，友谊贵积累，中缅两国人民自古以来友好交往，开辟了金银大道，繁荣的商贸和频繁的文化交流铸就了牢不可破的"胞波"友谊。"不老如青山，不断似流水"，长江和伊洛瓦底江水永远奔流向前，中缅两国人民的友谊和中缅两国的文化交流，必将在 21 世纪绽放出更新、更美、更加绚丽的花朵！

中缅两国儿童一起在界河玩耍，王楠摄

主要参考文献：

1. 周一良：《中外文化交流史》，河南人民出版社，1987 年。

2. 王介南、王全珍：《中缅友好两千年 纪念周恩来总理到德宏四十周年》，德宏民族出版社，1996 年。

3. 余定邦：《中缅关系史》，光明日报出版社，2000 年。

4. 余定邦、黄重言编：《中国古籍中有关缅甸资料汇编》（上、中、下）中华书局，2002 年。

5. 贺圣达：《缅甸史》，人民出版社，1992 年。

6. 王婆楞：《中缅关系史》，商务印书馆，1940 年。

7. ［英］戈·埃·哈威：《缅甸史》，姚枬译，商务印书馆，1957 年。

8. 邓殿臣：《南传佛教史简编》，中国佛教协会出版，1991 年。

9. 中华人民共和国文化部对外文化联络局编：《中国对外文化交流概览 1949–1991》，光明日报出版社，1993 年。

10. 李谋、姜永仁：《缅甸文化综论》，北京大学出版社，2002 年。

11. ［缅］《琉璃宫史》，密巴宫三藏经出版社，1956 年。

12. ［缅］貌丁昂：《缅甸史》，贺圣达译，云南东南亚研究所，1983 年。

13. ［缅］德班梭仁：《缅甸文化史》，雅敏出版社，1968 年。

14. ［缅］觉岱博士：《缅甸联邦史》，公共财产公司出版，1966 年。

15. ［缅］敏悉都：《缅甸神明信仰发展史》（前期），日月世界书局，1992 年。

16. ［缅］敏悉都：《缅甸神明信仰发展史》（中期），日月世界书局，1992 年。

17. ［缅］貌昂：《佛教 2500 年》，牟威文学出版社，1977 年。

18. 贺圣达著：《东南亚文化发展史》，云南人民出版社，1996 年。

19. 中国佛教协会：《中国佛教协会五十年》，2003 年。

20. 孙维学、林地主编：《新中国对外文化交流史略》，中国友谊出版公司，1999 年。

21. 何芳川主编：《中外文化交流史》，国际文化出版公司，2008 年。

22. 潘显一，冉昌光主编：《宗教与文明》，四川人民出版社，1999 年。

23. 王晓朝著：《宗教学基础十五讲》，北京大学出版社，2003 年。

24. ［缅］戚基耶基纽著，李秉年、南珍合译：《四个时期的中缅关系》，德宏民族出版社，1995 年。

25. 钟智翔，尹湘玲著：《缅甸文化概论》，世界图书出版公司，2016 年。

26. 朱海鹰著：《论缅甸民族音乐和舞蹈》，中国文联出版社，2001 年。

27. 杨国章著：《原始文化与语言》，北京语言学院出版社，1992 年。

28. 郑祥鹏编：《黄绰卿诗文选》，中国华侨出版社，1990 年。

29. 陈炎：《海上丝绸之路与中外文化交流》，北京大学出版社，1996 年。

30. 黄心川主编：《当代亚太地区宗教》，宗教文化出版社，2003 年。

31. 李谋：《论中缅文学交流》，载《东南亚研究论文集》，北京大学东南亚研究所编，经济日报出版社，2004 年。

32. 李晨阳：《中缅佛教文化交流的特点与作用》，载《佛学研究》，2003 年 01 期。

33. 冯汉镛，杨国才：《中缅医药文化交流》，载《中医药学报》，1992 年 06 期。

34. 李未醉：《简论古代中缅音乐文化交流》，载《交响—西安音乐学院学报（季刊）》2003 年。

35. 姜永仁：《缅甸传统神初探》，载《东方研究》，蓝天出版社，1996 年、1997 年合刊。